SILVIU-IULIAN HUIDEȘ

TIMID ȘI SEXY

**Cum Poți Să Cucerești Și Să Păstrezi O Femeie
De Nota 10, Chiar Dacă Ești Timid**

București, 2015

Timid şi Sexy
Cum Poţi Să Cucereşti Şi Să Păstrezi O Femeie De Nota 10,
Chiar Dacă Eşti Timid
ISBN: 978-973-0-19044-1

Tehnoredactare: Gianina Teodor
Grafică copertă: Claudiu Simionescu
Contact: www.TheRealMan.ro

Dedic această carte uimitoarei mele iubite care m-a inspirat să început și să duc la bun sfârșit acest vis, de a oferi mai departe experiețele mele.

Ce înseamnă să penetrezi lumea unei femei?

Înseamnă să intri în lumea ei cu încredere. Înseamnă să o opreşti din ceea ce face şi să îi spui că vrei să o cunoşti. Înseamnă să o întrerupi cu un sărut atunci când simţi că vorbeşte prea mult. Înseamnă să o iei de mână şi să o conduci. Înseamnă să o inviţi la dans. Înseamnă să îi ceri numărul şi să stabileşti o întâlnire. Înseamnă să vrei să o săruţi, iar dacă te refuză să mai încerci o dată. Înseamnă să o inviţi la tine. Înseamnă să-i pui o eşarfă pe ochi, să o conduci în dormitor şi să o laşi să-şi imagineze cele mai nebune fantezii în timp ce tu torni vinul în pahare...

Mulţumiri

Această carte nu ar fi existat dacă nu aţi fi fost voi, membrii comunităţii TheRealMan: traineri, mentori, participanţi la evenimente sau abonaţi la newslettere.

Am trăit împreună experienţe extraordinare prin care m-aţi provocat şi inspirat să cresc şi să mă dezvolt ca bărbat, dincolo de fricile care m-au încercat în anumite momente.

Acum a venit momentul să ofer şi eu mai departe.

Bineînţeles că le mulţumesc şi tuturor femeilor cu care am trăit diferite experienţe în viaţa mea. Fără voi nu aş fi ajuns bărbatul care sunt astăzi.

Energia membrilor comunităţii de dezvoltare personală TheRealMan.ro

CUPRINS

De la Ghidul Timidului la "Vreau să mă culc cu tine!"

În şcoală, colegii mei vara jucau fotbal, iar iarna aruncau cu bulgări de zăpadă în fete. Eu stăteam cuminte, în banca mea, pentru că nu îmi plăcea să ies în evidenţă. Nu deranjam pe nimeni, eram un băiat bun.

Cumva situaţia asta nu îmi plăcea deloc. Pentru că deşi eu eram băiatul politicos, ascultător, mereu atent să nu supăr pe nimeni, amabil cu ceilalţi... fetele din clasă tot după băieţii mai obraznici se uitau.

Nu aveam succes la fetele pe care le cunoşteam şi nu înţelegeam de ce. Undeva prin clasa a 8-a am primit de la mama mea, o carte. Se numea Ghidul Timidului. Atunci am înţeles că eram timid. De fiecare dată când o colegă, de care eram îndrăgostit, umbla cu alt băiat, îmi spuneam că eu nu am succes şi că ei nu îi place de mine, pentru că sunt timid.

Aveam o scuză puternică şi eu credeam în ea. Nu era faptul că nu arătam bine sau că nu vorbeam bine, ci convingerea că sunt timid.

Am acceptat lucrurile aşa cum erau şi când a venit momentul să intru la liceu, am ales să plec departe de casă şi am dat examenele pentru liceul militar, unde mi-am şi petrecut patru ani din viaţă.

Aici, cu aceeaşi timiditate, am început să citesc foarte mult. Aveam la bibliotecă foarte multe cărţi de dezvoltare personală şi multe dintre ideile pe care le citeam, le testam în interacţiunile cu colegii şi colegele mele.

Până în anul trei de liceu am ajuns să fiu foarte popular şi cu mai mulţi bani de buzunar decât majoritatea colegilor mei (am învăţat să tund şi asta era o sursă importantă de venit). Și deși eram popular și cu bani, tot nu reușeam să-mi fac o prietenă. Cumva chestia asta cu timiditatea mă tot urmărea.

Mi-am dat seama că pentru a-ți face o prietenă, nu e suficient să fii popular și cu bani. Pe lângă acestea, învățasem să vorbesc și bine în public și tot nu era suficient.

Ceva lipsea. Și tocmai găsirea acelui "ceva" a fost motivul călătoriei mele timp de opt ani până într-un moment care mi-a schimbat definitiv modul în care relaționez cu femeile.

Se apropia sfârșitul unei întâlniri pe care o avusesem cu o femeie de care eram foarte atras. Timp de două ore vorbisem despre subiecte care nu erau așa de importante pentru mine și acum o conduceam către casă.

În timp ce mergeam ea îmi povestea ce are de gând să facă săptămâna următoare. Însă eu nu o mai auzeam. Fierbeam în interior pentru că nu apucasem să îi spun ceea ce simțeam cu adevărat. Învățasem că femeilor nu le plac bărbații care sunt prea sensibili și care se îndrăgostesc prea repede.

Cumva păstrasem conversația într-o zonă confortabilă pentru amândoi cu gândul că o să-i împărtășesc gândurile mele în momentul în care o să știu sigur că și ei îi place de mine. Însă în câteva minute, urma să ne luăm la revedere și întâlnirea noastră nu ajunsese în punctul în care ea să-mi dea de înțeles că îi place de mine.

Trebuia să fac ceva altfel risca să se termine la fel ca de fiecare dată: eu singur și trist. Mă luptam cu gândurile mele și nu știam cum să aleg cuvintele cele mai potrivite prin care să îi spun că îmi place de ea. Aveam tot felul de scenarii în minte, unele despre cum o să reacționeze ea, altele despre cât de atrăgătoare este şi ce nebunii aş face cu ea.

Am simţit că nu mai am timp. Nu mai am timp să mă gândesc care e varianta cea mai potrivită de a-i spune că o doresc şi că vreau să fiu cu ea.

Am oprit-o în mijlocul conversaţiei. I-am spus că nu o mai aud de câteva minute şi că vreau să îi spun ceva. S-a oprit din mers şi a început să se uite foarte curioasă la mine. Ne-am întors unul către celălalt şi pentru prima dată am privit o femeie în ochi şi i-am spus că simt că vreau să mă culc cu ea!

Am vrut să îi spun altceva, însă sub gălăgia care era în mintea mea, astea au fost cuvintele care mi-au ieşit pe gură.

Pe cât de mult vorbea înainte pe atât de tăcută mi s-a părut acum. S-a uitat lung la mine în timp ce şi eu mă uitam lung la ea. Am observat cum timpul s-a oprit în loc iar eu am devenit brusc total relaxat pentru că în sfârşit îi spusesem ceea ce gândeam. Acum era linişte.

A continuat să se uite la mine şi eu am sărutat-o foarte natural. Probabil că sărutul a fost confirmarea de care avea nevoie. Nu am de unde să ştiu. Ceea ce ştiu însă este că peste exact două zile, m-a întrebat dacă poate să treacă pe la mine.

A fost o noapte intensă şi o lecţie valoroasă după care m-am ghidat de atunci, în toate interacţiunile mele. Dacă eu sunt sincer în intenţiile mele cu femeile pe care le întâlnesc, atunci şi ele vor fi sincere cu mine.

Iar această carte reprezintă exact călătoria mea în acest exerciţiu de sinceritate şi cele mai valoroase lecţii pe care le-am învăţat alături de femeile pe care le-am întâlnit.

Acesta este momentul în care tu devii sincer cu femeile şi începi să le spui ceea ce gândeşti cu adevărat despre ele.

Această carte este pentru tine

Dragă prietene,

Sunt Silviu-Iulian Huideş, liderul comunităţii de dezvoltare personală pentru bărbaţi, TheRealMan.ro, iar aceasta este o carte despre încredere, atracţie şi relaţii împlinite.

Te avertizez de la început că nu este o carte pentru oricine şi există riscul ca anumite persoane să se simtă puţin ofensate când o vor citi. Pentru că în ea, vorbesc despre ceea ce funcţionează cu adevărat când e vorba de a cuceri femeia de care eşti atras. Iar acest adevăr contrazice puternic ceea ce ţi-au spus părinţii sau prietenii că funcţionează.

Am scris această carte special pentru bărbaţii comunităţii de dezvoltare personală, TheRealMan.ro. Am gândit-o ca un cadou pentru tine, bărbatul modern care vrea să-şi îmbunătăţească relaţiile cu femeile din viaţa lui.

Indiferent că vrei să înveţi cum să cunoşti şi să cucereşti femei atrăgătoare, să atragi acea femeie la care visezi, să ai o relaţie extraordinară sau să îţi îmbunătăţeşti relaţia existentă, această carte îţi poate oferi soluţii concrete la provocările tale.

Această carte este inspirată din experienţa mea de peste nouă ani de zile în diferite provocări de dezvoltare personală. Am pornit ca un băiat timid care îşi dorea să-şi facă o prietenă şi prin multe încercări şi eşecuri din care am învăţat, am ajuns astăzi să organizez traininguri şi tabere de încredere, atracţie şi relaţii, prin care am ajut bărbaţi de diverse vârste, să întâlnească şi să cucerească femeile pe care şi le doresc.

În afară de partea care te învață cum să devii un bărbat atrăgător, vei regăsi în această carte multe idei valoroase pe care le-am învățat din propria mea relație cu femeia pe care o iubesc.

Nu știu cum ești tu, însă eu consider că nu este nimic mai frumos în viață decât să iubești și să te simți și tu iubit la rândul tău. Așadar chiar dacă cuvinte precum "atracție" sau "seducție" îți sugerează ceva manipulativ să știi că această carte este scrisă din iubire și reprezintă o invitație la sinceritate și autenticitate în relația cu femeile de care ești atras.

Îți doresc lectură plăcută, citește-o cu inima deschisă și nu uita să fii mândru că ești bărbat. Ai o putere extraordinară, pe care ești pe cale să o descoperi!

Cu prietenie,
Silviu-Iulian

Cum e împărțită această carte și ce vei învăța din ea

Scopul acestei cărți este să îți ofere principiile care stau la baza atracției și a interacțiunii dintre un bărbat și o femeie, astfel încât tu să poți trece rapid la acțiune și să obții rezultatele pe care le dorești.

Principiile pe care urmează să le afli sunt și vor rămâne secrete pentru majoritatea bărbaților. Felicită-te pentru că ai ales să cumperi această carte și pentru faptul că îți oferi ție timpul să o citești și să pui în practică ideile prezentate.

Pentru a-ți fi ușor să înțelegi și să asimilezi conceptele prezentate, am împărțit cartea în patru părți importante. Acestea sunt următoarele:

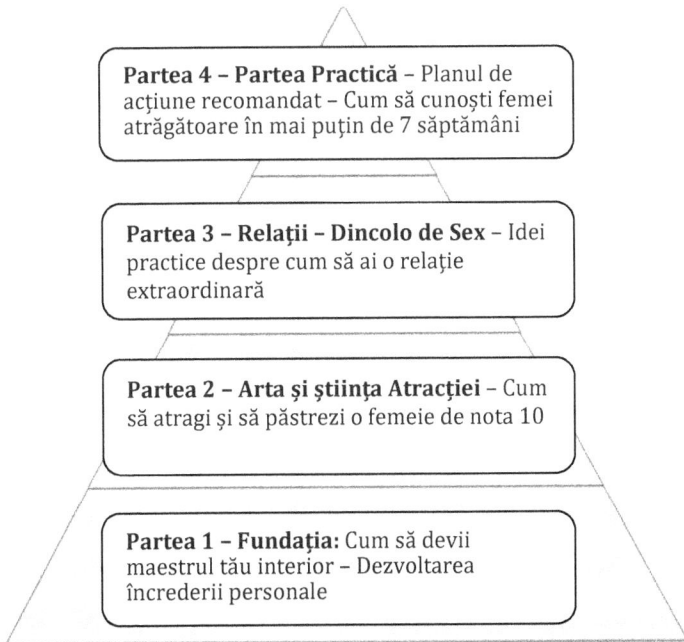

Partea 4 – Partea Practică – Planul de acțiune recomandat – Cum să cunoști femei atrăgătoare în mai puțin de 7 săptămâni

Partea 3 – Relații – Dincolo de Sex – Idei practice despre cum să ai o relație extraordinară

Partea 2 – Arta și știința Atracției – Cum să atragi și să păstrezi o femeie de nota 10

Partea 1 – Fundația: Cum să devii maestrul tău interior – Dezvoltarea încrederii personale

Există o Provocare pe care tu ca bărbat nu ai cum să o ignori

În cadrul trainingurilor organizate am avut ocazia să întâlnesc sute de bărbați, iar prin comunitatea online TheRealMan.ro sunt în contact cu mii dintre cei care s-au abonat pe site şi citesc articolele mele pentru dezvoltarea lor personală.

Cei mai mulţi dintre bărbaţi mă contactează pe email descriindu-mi situaţia lor, problemele cu care se confruntă şi îmi solicită îndrumarea pentru a rezolva anumite situaţii.

Aşa că indiferent care este povestea ta să ştii că le-am auzit pe toate. În mare scenariul e acelaşi: nu eşti mulţumit de relaţiile tale actuale, poate că eşti singur sau poate că ai o relaţie care nu te face să te simţi împlinit, poate că sunt multe blocaje care te ţin pe loc, în orice caz toate poveştile de succes ale bărbaţilor din comunitate încep cu o problemă şi cu o dorinţă fermă de a schimba lucrurile în favoarea lor.

Aşa am început şi eu în urmă cu câţiva ani... aşa poţi începe şi tu!

Provocarea ta ca bărbat este să înţelegi ce înseamnă să fii un bărbat autentic şi cum să trăieşti şi să te manifeşti ca atare.

Problema atracţiei din zilele noastre este o problemă de polaritate. În termeni simpli, dacă vrei să atragi şi să cucereşti o femeie atunci tu trebuie să fii bărbat. Minusul este atras de plus şi invers.

Problema constă în lipsa polarităţilor. În societatea de astăzi, bărbaţii se comportă precum femeile şi femeile se comportă precum bărbaţii. Suntem încurajaţi să ne comportăm în felul acesta, avem tot felul de tipare despre "cum ar trebui să fim ca bărbat sau ca femeie" şi CONFUZIA este maximă.

Dacă vrei să nu mai suferi e important să faci paşii necesari pentru eliminarea confuziei. E important să înţelegi esenţa energiei masculine pentru a putea relaţiona în armonie şi autentic cu energia feminină.

Nimeni nu te învaţă ce înseamnă să fii bărbat

De mici, suntem crescuţi de mamele noastre. Ele ne dau primele "repere" despre cum ar trebui să fie un bărbat. Ştiu că şi mama mea (la fel ca orice mamă de altfel) a fost bine intenţionată atunci când m-a crescut, de la ea am învăţat să nu mai plâng tocmai pentru că "bărbaţii nu plâng". Totodată mai ştiu că oricât de bună este intenţia lor, mamele noastre nu ne învaţă decât cum să fim soţi mai buni.

Vezi tu, o femeie nu are cum să te înveţe să fii bărbat adevărat. Poate să-ţi formeze anumite comportamente însă nu are cum să înţeleagă pe deplin perspectiva polarităţii masculine.

Mamele noastre ne învaţă toate acele lucruri pe care şi le doresc pentru ele: să ducem flori, să fim politicoşi, să fim ascultători, să deschidem uşi şi să ne amintim zile de naştere.

Acestea sunt lucruri pe care şi le doresc pentru ele în calitate de soţie şi nu în calitate de iubită. În calitate de iubită, îşi doreşte altceva. O să ating mai târziu subiectul însă vreau să reţii pentru moment că femeile au mai întâi nevoie să fie ATRASE, iar mai apoi IUBITE.

Mamele noastre ne învaţă cum să IUBIM, cum să fim bărbaţi iubitori şi în felul acesta ele sar peste o etapă critică.

Ajungem în felul acesta, ca bărbaţi maturi să credem că e suficient să iubeşti o femeie pentru a o face pe aceasta să-şi dorească să fie cu tine. Iar această convingere te va face să eşuezi de multe ori şi îţi va produce multă suferinţă.

Reţine această idee: Pentru ca o femeie să îşi dorească să fie cu tine ea trebuie mai întâi să simtă ATRACŢIE şi doar după aceea CONEXIUNE şi AFECŢIUNE.

Apoi mai "învăţăm ce înseamnă să fii bărbat" de la tatăl nostru. Acesta este de cele mai multe ori prea ocupat să producă bani, muncind pentru a asigura traiul familiei. De aceea figura paternă pentru cei mai mulţi dintre bărbaţi este una destul de absentă. Acesta, bine intenţionat şi el, lasă educaţia copiilor în seama mamei.

Aşadar când suntem mici învăţăm de la mamele noastre să fim băieţi buni, atenţi şi iubitori, iar de la taţii noştri să muncim pentru a asigura nivelul de trai al familiei.

NOTĂ: Acesta este un model tipic de familie. În cadrul comunităţii am întâlnit mulţi bărbaţi care proveneau din familii în care ori lipsea unul dintre părinţi, ori relaţia dintre cei doi nu era una sănătoasă. Indiferent care ar fi cazul tău, sunt sigur că înţelegi că părinţii tăi au avut o influenţă puternică asupra ta şi că tu astăzi trăieşti pe propria piele multe dintre tiparele pe care ei ţi le-au transmis.

Aşadar învăţăm foarte multe de la părinţii noştri. Pe măsură ce creştem începem să învăţăm şi din alte surse. De la televizor spre exemplu sau din reviste. Acestea sunt alte modele despre cum ar trebui să fie un bărbat sau o femeie. Iar cu cât sunt mai populare revistele sau canalele de televiziune respective cu atât mai puternic ne influenţează tiparul de masculinitate.

Ești condiționat social să nu ai succes cu femeile

la orice revistă pentru bărbați spre exemplu sau orice canal TV de muzică. Un exemplu clasic de condiționare socială[1].

Condiționările se întipăresc prin metoda asocierii. Nu e greu să observi că atât revistele cât și un anume clip îți prezintă femei sexy (adică ceea ce îți dorești să obții) împreună cu un anumit comportament sau tipar de bărbat. Adică se asociază ideea de femeie sexy cu un anumit tip de bărbat.

Mesajul e simplu:"vrei femei de genul ăsta?... uite așa trebuie să fii.

Nu e de mirare că cea mai frecventă condiționare cu care vin bărbații la evenimentele noastre este "nu poți să ai femei sexy dacă nu ai bani, dacă nu tragi de fiare, dacă nu arăți bine, dacă nu te îmbraci după ultima modă, dacă nu ai mașină, dacă nu ai Rolex... ", iar această condiționare produce numai suferință. Pentru că tu singur te autosabotezi repetându-ți într-una că "nu ești suficient de bun". Iar acest lucru funcționează împotriva ta.

Eu îți spun că: Poți să atragi femei sexy și de calitate. Te-ai născut suficient de bun. Dacă ai fi avut nevoie de altceva, te-ai fi născut cu ceva în plus. Ești suficient doar tu, să atragi femei de calitate!

Așadar provocarea ta ca bărbat este să înveți să devii bărbatul autentic. Este o misiune pe care și-o asumă doar 5% dintre bărbați, restul preferă să muncească pentru mașină și bani pentru a simți că merită să fie iubiți.

---

[1] Condiționarea socială se referă la faptul că ești "dresat" să te comporți într-un anumit fel într-o situație dată. Condiționările se întipăresc în mintea noastră prin convingerile pe care le dobândim și care ne determină acțiunile, într-un anumit scenariu.

Nu spun că maşina şi banii nu sunt importante. Sunt la fel de importante precum orice lucru care îţi face viaţa mai uşoară, însă lipsa banilor şi a maşinii nu sunt scuze pentru a nu aborda o femeie atrăgătoare.

Pentru că în cele din urmă, tu eşti cel care abordează. Tu eşti mesagerul. Tu eşti bărbatul!

Provocarea pentru tine este "să te dezbraci" de vechile convingeri care nu funcţionează, care produc doar singurătate şi tristeţe şi să descoperi unele noi, autentice, care funcţionează pentru tine. Şi ce este şi mai important este că sunt convingerile tale. Asta înseamnă că poţi lucra cu ele, pentru că tu le-ai creat practic.

Bine ai venit în această călătorie.

Pune-ţi centura de siguranţă pentru că vom decola!

Cele patru super puteri ale tale ca bărbat adevărat

Prin atitudinile, înţelegerile, tehnicile şi exerciţiile din această carte, prin practică, îţi vei dezvolta o serie de super puteri.

Aceste super puteri sunt:

Inteligenţa socială

Vei înţelege dinamica interacţiunilor sociale, de ce bărbaţii şi femeile acţionează şi reacţionează într-un anumit fel şi cel mai important este că vei învăţa să foloseşti toate acestea în folosul tău. O dată înţeles matrix-ul social, îţi vei putea crea propria lume şi atrage femeia pe care ţi-o doreşti, în cel mai scurt timp.

Persuasiune

Fiind mai conştient de ce se întâmplă în jurul tău şi de motivul pentru care persoanele acţionează vei şti să descoperi "butoanele" care îi determină pe oameni să acţioneze într-o anumită direcţie. Învăţând să comunici autentic, fiecare cuvânt pe care îl vei spune va stârni o emoţie, iar prin emoţii vei mişca femeile pe care le întâlneşti în direcţia pe care o doreşti.

Leadership

Acţionând, vei atrage privirile celor din jurul tău, vei fi admirat şi apreciat. Îţi vei face mai uşor prieteni care vor dori să te urmeze pentru că vor vedea în tine exemplul de care au nevoie.

Fiind autodidact îţi vei dezvolta responsabilitatea, curajul şi puterea de a merge înainte atunci când ceilalţi bărbaţi bat în retragere. Nu te vei mai recunoaşte. Peste puţin timp te vei regăsi interacţionând cu femei atrăgătoare în scenarii pe care nu le credeai posibile.

Atracţie şi Conexiune

Cele 3 puteri de mai sus îşi vor atinge apogeul prin puterea ta de a atrage şi a cuceri femeia pe care ţi-o doreşti. Vei şti să asculţi dincolo de cuvinte, vei şti să vezi mesajele ascunse ale comportamentului unei femei, vei înţelege limbajul nonverbal şi microsemnalele pe care o femeie le transmite inconştient atunci când e atrasă de tine.

Cel mai mare câştig este că vei putea alege cum să fii şi cu cine să fii, pentru că vei atrage în viaţa ta tot mai multe posibilităţi.

Aceasta este o carte despre posibilităţi şi despre potenţialul tău nelimitat de a obţine succesul pe care ţi-l doreşti în relaţiile cu femeile. Nu mă crede pe cuvânt acum... fă doar un singur pas: Începe!

Aşa am început şi eu.

Cred cu tărie în potenţialul tău şi în faptul că tu ca bărbat ai o putere extraordinară...puterea de a face lucrurile să se întâmple: Acum e momentul să le faci să se întâmple pentru tine!

– PARTEA I –
CUM SĂ DEVII MAESTRUL
TĂU INTERIOR

"Nu este nevoie să ştii unde mergi. Nu este nevoie să ştii de ce mergi. Tot ceea ce e nevoie să ştii este faptul că mergi plin de veselie; dacă faci acest lucru, nu poţi greşi."

- Osho

Am întâlnit sute de bărbaţi în cadrul cursurilor şi workshopurilor organizate. Am avut ocazia să văd ceea ce funcţionează şi ce nu când vine vorba de a obţine succesul în relaţiile cu femeile atrăgătoare.

Deşi fiecare dintre aceşti bărbaţi care participau la astfel de evenimente, venea cu dorinţa de a învăţa ceva şi a pleca mai bun acasă, nu toţi reuşeau să obţină rezultatele dorite. Unii plecau chiar mai confuzi decât veniseră.

Asta ne-a ridicat nouă trainerilor un mare semn de întrebare.

Toţi beneficiau de aceeaşi informaţie, de aceleaşi exemple, atenţie şi răspunsuri şi totuşi rezultatele erau diferite. Era logic să fie diferite însă noi ne puneam problema ce anume putem face noi pentru a îmbunătăţi aceste rezultate.

Am observat că cei care obţineau rezultate consistente nu erau neapărat mai tineri, mai frumoşi, mai sociabili sau cu mai mulţi bani în buzunar.

Singurul lucru care stătea între informaţia prezentată şi succesul pe care aceşti bărbaţi şi-l doreau, era propria lor persoană. Fiecare dintre ei venea la eveniment şi "vedea şi aplica" ceea ce învăţa prin propriul său mod de a vedea lumea.

La început am crezut că tehnicile şi metodele prezentate nu erau suficient de bune. Descoperirea cea mai mare a fost când ne-am dat seama că factorul cheie care face diferenţa dintre eşecul şi succesul participanţilor este modul în care se văd ei înşişi, cu alte cuvinte, imaginea lor despre propria lor persoană.

De ce îţi spun toate acestea?

Pentru că din acel moment, am lăsat tehnicile pe locul doi şi am început să ne focusăm pe dezvoltarea mesagerului, adică a persoanei din spatele bărbatului care aplică tehnici şi metode pentru a se dezvolta personal ca un bărbat atrăgător.

Ne-am focusat pe ceea ce se numeşte INNER GAME sau JOCUL TĂU INTERIOR.

Jocul atracţiei este înainte de toate un joc interior. Succesul începe în mintea ta. Dacă ai succes aici, atunci vei avea succes şi în lumea exterioară.

Aşadar am observat că bărbaţii care evoluau rapid gândeau diferit faţă de bărbaţii care parcă se chinuiau să obţină progrese. Cei dintâi aveau o imagine bună despre ei, erau pozitivi, aveau încredere în forţele proprii şi parcă vedeau totul ca pe o experienţă distractivă de învăţare. Drept urmare ei aveau **starea mentală potrivită** pentru a învăţa şi progresa rapid.

De aceea în partea întâi a acestei cărţi vei învăţa cum să faci din mintea ta, aliatul tău numărul unu şi cea mai puternică armă când vine vorba de dezvoltarea ta personală. Ca un mic secret îţi spun că nu e nevoie să ştii nici o tehnică specială de seducţie. Dacă ai starea mentală potrivită vei şti singur ce trebuie să faci pentru a cuceri o femeie atrăgătoare.

Există o vorbă care îmi place foarte mult:

Cu atitudinea corectă şi cu un singur braţ vei învinge întotdeauna atitudinea greşită cu două braţe!

Ce este JOCUL INTERIOR?

Jocul interior se referă la totalitatea convingerilor, atitudinilor, gândurilor, competenţelor şi abilităţilor prin care interacţionezi cu lumea exterioară. Jocul interior se referă la cine eşti tu ca bărbat, la ceea ce ştii şi ceea ce faci dincolo de ceea ce ai.

Gândeşte-te la un antreprenor autentic. Poţi să îi iei toţi banii, toate proprietăţile, toate maşinile. Poţi chiar să îl muţi în alt oraş. În câţiva ani va construi la loc tot ceea ce i-a fost luat.

În aceeaşi măsură, gândeşte-te la un om sărac care câştigă la loto exact atâţia bani cât să cumpere tot ceea ce i-a fost luat antreprenorului de mai sus. Ba mai mulţi bani. În doi ani va fi la fel de sărac ca la început, ba chiar mai sărac, pentru că s-a băgat în datorii pe care nu le poate controla.

Exemplele de mai sus sunt cazuri reale. Caută pe net şi o să găseşti o mulţime de antreprenori care au pierdut totul şi s-au ridicat la loc şi în aceeaşi măsură nu o să găseşti nici un om care a câştigat la loto şi acum este antreprenor de succes, cei mai mulţi s-au întors de unde au plecat.

Aşadar dacă vrei să obţii abundenţă în business, în relaţii sau în orice alt domeniu începe mai întâi cu tine.

În prima parte a acestei cărţi vei afla cum gândeşte un bărbat care are succes cu femeile. Şi cel mai important este că vei învăţa cum să-ţi antrenezi mintea să gândească la fel. Vei descoperi care sunt blocajele care te ţin pe loc şi vei învăţa tehnici pentru a le înlătura o dată pentru totdeauna.

Tot în această carte vei învăţa ceea ce contează cu adevărat pentru a obţine succesul în atracţie şi relaţii. Vei învăţa despre tine, cât eşti de extraordinar şi cât de atrăgător poţi fi ca bărbat atunci când convingerile şi inima ta sunt aliniate cu intenţiile tale.

Cele trei minciuni zilnice care te opresc să obţii succesul în relaţiile cu femeile

Ştii deja că succesul începe mai întâi în mintea ta.

Însă în mintea ta se dă o luptă între ceea ce îţi doreşti să obţii şi minciunile (scuzele) pe care ţi le oferi singur pentru a nu acţiona în direcţia dorită.

Pentru a putea începe să obţii rezultate rapide în relaţiile tale cu femeile pe care le întâlneşti, primul pas este să conştientizezi care sunt acele convingeri care te ţin în loc.

Aşadar: Pentru a începe să ai succes cu femeile pe care le întâlneşti, mai întâi ai nevoie să conştientizezi "demonii interiori" care te ţin pe loc.

Fiecare bărbat are propriile sale convingeri care îl ţin în loc, însă de-a lungul interacţiunii cu sute de bărbaţi am identificat trei mari minciuni, universal valabile pentru orice bărbat care vrea să schimbe ceva în viaţa lui.

Şi pun pariu că acestea trei sunt valabile şi în cazul tău.

Mai întâi e important să înţelegi de ce îţi repeţi aceste minciuni zilnic? La ce îţi folosesc ele de fapt? Minciunile, convingerile sau blocajele cu care te confrunţi, reprezintă de fapt un mecanism de protecţie care menţine liniştit în zona ta de confort. Te protejează să nu simţi disconfort emoţional şi social. Şi funcţionează pe termen scurt.

Pe termen lung însă, te împiedică să îţi manifeşti adevăratul tău potenţial, te împiedică să îţi trăieşti viaţa aşa cum ţi-o doreşti, îţi creează neplăceri, lipsă de satisfacţie şi te face să te lupţi cu tine însuţi. Aşadar am să-ţi prezint cele trei minciuni şi care este de fapt adevărul extraordinar din spatele fiecăreia.

PRIMA MINCIUNĂ: EA MĂ FACE SĂ, EL MĂ FACE SĂ....

Această minciună apare în special atunci când eşti la început cu iniţierea de conversaţii cu o femeie necunoscută şi încă te mai temi de refuzuri. Spui că dacă te refuză atunci te face să te simţi naşpa, adică ea te face să te simţi într-un anume fel.

Să spunem că cineva din viaţa ta te face să fii supărat, sau trist...este acest lucru adevărat?

Chiar pot ei "să te facă?"

Pot eu să te fac să râzi dacă tu nu vrei să râzi? Bineînţeles că nu. Pot fi cea mai amuzantă persoană de pe planetă însă dacă tu nu vrei să râzi, atunci eu nu te pot face să râzi şi dacă nu te pot face să râzi, atunci înseamnă că nici nu pot să te supăr.

Sigur că pot să te influenţez, însă nu te pot supăra eu. Când spunem că "ea mă face să", sau "el mă face să", cedăm de fapt controlul celeilalte persoane. Ei sunt cei care ne controlează şi asta nu este cea mai fericită situaţie în care vrei să te afli.

Exemplu:

Tu mă deranjezi vs eu mă simt deranjat de comportamentul tău...care e diferenţa?

Diferenţa dintre Tu şi Eu este mare.

Tu mă deranjezi înseamnă că îţi cedez ţie toată puterea mea, tot controlul emoţional şi acum când tu deţii controlul, eu devin victimă.

Dacă spun "eu mă simt deranjat de comportamentul tău" este un lucru diferit. Acum eu aleg emoția pe care vreau să o experimentez, e decizia mea, eu o aleg, deci întotdeauna adevărul este că eu am puterea de a alege. Nimic şi nimeni nu ne poate face să ne simţim într-un anume fel, nimic nu ne poate face să simţim ceva, totul se rezumă la decizie, care este în puterea noastră.

Întotdeauna TU decizi cum să te simţi într-o anumită situaţie. Nimeni nu "te poate face" să te simţi într-un anume fel. Tu deţii controlul emoţiilor şi comportamentului tău. Tu decizi cum să te simţi atunci când întâlneşti o femeie atrăgătoare.

URMĂTOAREA MINCIUNĂ ESTE CĂ NU POŢI

Acest "Nu pot să" cuprinde minciuni mici şi minciuni mai mari.

Nu pot să mă trezesc la 6:00 dimineaţa sau nu pot să găsesc suficient timp pentru a face lucrurile pe care doresc să le fac sau nu pot să învăţ o limbă străină ceea ce înseamnă că nu pot să fac x lucru. Momentul în care apare "nu pot" ne oprim potenţialul, rămânem în zona de confort pentru că a face contrariul adică să ne mutăm mai aproape de "Eu POT!", înseamnă să simţim un pic de disconfort. Înseamnă să treci prin disconfort emoţional aşa că "eu nu pot" ne menţine în siguranţă de toate acele neplăceri - pe termen scurt - dar adevărul extraordinar este că tu poţi!

Dacă stai bine să te gândeşti şi tu ştii că poţi. Poţi să îţi îmbunătăţeşti relaţiile cu femeile.

Provocarea ta este să identifici toate zonele unde îţi spui "nu pot". Nu pot să-mi găsesc partenerul ideal pentru că sunt tot timpul la muncă, nu am timpul necesar, etc.

Care este nu pot-ul tău? Unde în viața ta îl folosești cel mai mult?

Unde în viața ta trăiești această minciună? Este ea adevărată?

ULTIMA MINCIUNĂ ESTE "NU SUNT SUFICIENT DE BUN" NU MERIT, ETC

Această minciună vine de cele mai multe ori de la părinții noștri. Ei sunt cei care ne compară cu alții atunci când suntem mici, învățându-ne și pe noi să facem la fel.

Poate nu ai luat notele care trebuie sau nu te-ai comportat cum trebuie sau nu ai job-ul care trebuie. Așa că reperele prin care te apreciezi sunt foarte multe în exteriorul tău. Bărbații care nu au succes cu femeile își spun că nu sunt suficient de frumoși. În primul rând cât înseamnă suficient? Oprește-te pentru o clipă și răspunde la întrebarea asta.

Când îți pui întrebarea de mai sus, afli că nu te bazezi pe ceva concret atunci când îți spui că nu ești într-un anume fel. Nu sunt suficient de deștept, de bogat, de frumos, de înalt, nu am suficient de mulți bani, etc. Reperele externe nu te ajută deloc pentru că nu te uiți unde trebuie.

Adevărul este că te-ai născut suficient.

Gândește-te la asta pentru o secundă. Dacă doar îți spui ție: "sunt suficient! sunt suficient!" imediat simți o pace interioară, calm, tot conflictul interior dispare, tot ceea ce ai nevoie pentru a reuși în viață este deja în interiorul tău.

E drept că s-ar putea să fie nevoie să înveți noi lucruri și să-ți formezi noi competențe, însă ideea de bază este că ai deja în tine tot ceea ce ai nevoie pentru a reuși.

Eşti suficient de deştept, de frumos, de înalt să ai femei.

Aşadar misiunea ta este să identifici în ce domeniu din viaţa ta îţi repeţi aceste minciuni:

> Ea mă face să...
> Nu pot să...
> Nu sunt suficient de...

Întreabă-te: este asta adevărat?

Apoi găseşte răspunsul la întrebarea: Ce este cu adevărat important pentru mine?

Chiar dacă asta înseamnă să ieşi din zona de confort, chiar dacă apar anumite frici la suprafaţă.   Acestea prevestesc schimbarea care e pe cale să se producă.

De ce e important să te iubeşti pe tine înainte să iubeşti orice femeie

Am spus întotdeauna că cel mai bun lucru pe care îl poţi face pentru tine este să te iubeşti din tot sufletul. Eşti extraordinar şi ai o putere enormă ca bărbat!

Mulţi dintre bărbaţii pe care i-am întâlnit la evenimentele noastre, veneau cu dorinţa de a învăţa câteva tehnici şi replici pe care să le poată aplica imediat pentru a ajunge la sex cu femeile atrăgătoare pe care le întâlneau în diverse situaţii. Uneori aceste tehnici şi replici funcţionau foarte bine şi foarte repede. Însă de cele mai multe ori, pentru cei mai mulţi bărbaţi nu fucţionau deloc. Acea energie sexuală, acea dorinţă sau nevoie cu care ei intrau în interacţiune cu femeile se simţea de la distanţă şi le reducea dramatic şansele de reuşită.

Ca să înţelegi mai bine îţi spun că poţi să interacţionezi cu o femeie din două perspective diferite. Prima e când ai nevoie de ea ca să te simţi bine şi abordezi cu această nevoie, iar cea de-a doua perspectivă este când deja te simţi bine şi o abordezi pentru că ştii că ai ceva extraordinar de oferit ca bărbat şi că împreună puteţi să vă simţiţi mai bine decât v-aţi simţi separat.

Practic sunt două lumi diferite.

Prima este o lume a lipsurilor în care ai nevoie de femeie pentru a-ţi umple anumite goluri, iar a doua este o lume a abundenţei şi a iubirii în care împărtăşeşti această iubire cu femeile care vor să o primească. De aceea e foarte important să te iubeşti pe tine mai întâi. E important ca tu să fii iubire.

O altă diferenţă dintre cele două lumi este atunci când abordezi. Bărbatul care abordează din dorinţa de a completa un gol, o nevoie, atunci când este refuzat se va simţi şi mai gol, pentru că refuzul îi confirmă faptul că femeile nu îl preferă pentru că ceva îi lipseşte. Şi de cele mai multe ori găseşte scuze în exterior, că nu arată destul de bine, că nu este destul de încrezător, că nu are bani, etc. Adevărul este însă în propria lui minte şi în propria lui perspectivă.

Cel care abordează din iubire, are o altă energie, iar această energie se simte. Femeia care este abordată de un astfel de bărbat simte această energie, iar cuvintele, dialogul dintre cei doi este doar de suprafaţă. Dacă te uiţi la ei şi eşti atent doar la cuvinte, nu o să înţelegi prea multe şi o să fii confuz când vei fi refuzat deşi ai abordat şi tu cu aceleaşi replici.

Cheia este energia cu care abordezi, iar cea mai puternică şi atrăgătoare energie nu poate veni decât din iubirea de sine. Referitor la replici versus energii, am o întâmplare interesantă pentru tine.

În urmă cu câţiva ani eram într-un club cu doi prieteni buni   de-ai mei, Cosmin şi Bogdan. Aceştia doi erau mai mereu pe lângă mine, au participat şi la câteva workshop-uri pe care le organizasem şi cunoşteau majoritatea principiilor, tehnicilor şi subiectele mele preferate de discuţie pe care le folosesc când interacţionez cu o femeie de care sunt atras.

În grupul nostru mai sosesc la un moment dat încă patru tipe, trei mai în vârstă şi una mai pe gustul nostru. Clubul mai avea şi o zonă de restaurant şi mergând la un moment dat să mănânc ceva împreună cu Bogdan, îl observ pe Cosmin la masă cu cele patru tipe, tot în zona de restaurant. Din limbajul lui nonverbal mi-am dat seama că urmărea să o cunoască mai bine pe tipa mai tinerică de care îţi povestisem mai sus.

Ne-am aşezat la o masă lângă ei, iar în timp ce mâncam liniştiţi urmăream atent interacţiunea. Cu timpul prin practică ajungi să recunoşti foarte uşor dacă o tipă este interesată de un anumit bărbat. Tot ceea ce trebuie să faci este să fii atent la energiile dintre cei doi, la cum şi la cine se mută atenţia în interacţiune.

Ştiam că grupurile de femei nu reprezintă punctul forte a lui Cosmin. El este bun în interacţiunile 1 la 1, mai ales pe ringul de dans. Pe ringul de dans este mult mai bun decât majoritatea bărbaţilor pe care i-am cunoscut.

Aşadar, din interacţiune mi-am dat seama că joacă în pierdere la acea masă. Nu era pe terenul lui. Aşa s-a şi întâmplat. Când s-au întors înapoi în club, el s-a dus în altă parte, iar ea s-a aşezat la masă. Bogdan, care era lângă mine, mi-a spus că acum e rândul lui şi s-a dus şi s-a aşezat la masă lângă ea.

Eu am rămas cu alţi prieteni şi din când în când mă mai uitam la el să văd cum îi merge.

Bogdan ştie să povestească bine. În plus era avantajat de faptul că nu mai era nevoit să vorbească cu toate cele patru tipe, gălăgia din club, crea contextul perfect ca el să-şi menţină atenţia numai pe tipa respectivă. Am văzut că tipa zâmbea şi se simţea bine discutând cu el (în general femeile se simt bine când primesc atenţie din partea bărbaţilor).

La un moment dat s-au ridicat două tipe de la masă şi s-au dus pe ringul de dans (unde Cosmin făcea furori, bineînţeles). Erau nişte hore care făceau multă gălăgie şi parcă deodată tot focusul s-a mutat pe ringul de dans, inclusiv tipa cu care discuta Bogdan a început să întoarcă privirea spre ringul de dans (nu ar trebui să te surprindă faptul că femeile sunt atrase de mulţime, lucrurile gălăgioase, lumini şi lucruri sclipitoare).

Eh... când eşti într-o asemenea situaţie ai două variante: ori o iei şi tu la dans... ori o iei şi tu la dans ☺. Nu ai prea multe opţiuni dacă vezi că femeia e atrasă energetic de ce se întâmplă acolo.

Reţine că dansul este expresia verticală a unei dorinţe orizontale. Adică dansul e cam singurul lucru pe care femeile îl mai pot face aşa cum şi-l doresc, fără să fie judecate. Deci era momentul ca Bogdan să o ia frumos de mână şi să o conducă pe ringul de dans. Partea mai puţin plăcută era că Bogdan nu era aşa un bun dansator, la vremea respectivă.

Văzând într-un târziu semnele mele, s-a ridicat de la masă cu inima strânsă şi atât i-a trebuit tipei, l-a luat ea de mână şi l-a dus ea pe ringul de dans.

Acum reţine o chestie referitoare la dans pe care o spunem şi bărbaţilor care participă la taberele noastre: Nu trebuie să fii bun dansator ca să dansezi bine. Tot ceea ce trebuie să faci este să te sincronizezi cu nivelul de energie de acolo. Restul e poezie.

Bogdan nu ştia treaba asta la momentul respectiv aşa că nu a rezistat mai mult de două melodii (cred că avea şi convingerea că nu e un bun dansator, fapt care l-a convins să renunţe).

Când tipa s-a băgat într-o horă mai mare, el a părăsit ringul de dans şi l-am văzut mai târziu interacţionând cu nişte tipe mai pe nivelul lui de energie, mai puţin săltăreţe.

După ce a terminat cu horele tipa s-a dus la masă, aşezându-se undeva mai în spate. Ceva din toată povestea asta m-a facut să-mi încerc şi eu norocul. Am vorbit cu băieţii, m-am asigurat că nici unul dintre ei nu mai avea vreun gând cu ea şi m-am îndreptat către masa ei, să mă prezint.

Numai că pentru a ajunge la ea trebuia să ridic vreo trei persoane în picioare. Majoritatea bărbaţilor ar fi renunţat în contextul respectiv. Mie mi s-a părut amuzant.

Lângă ea era un scaun liber. M-am apropiat zâmbind la masă am arătat către scaunul liber şi am spus că acolo vreau să ajung să mă aşez. Cu toată gălăgia aia nu cred că a auzit cineva ce am spus, însă au înţeles care e intenţia mea după cum am arătat cu degetul către scaun şi când am început să le cer nonverbal să se ridice de pe scaune şi să-mi fac loc printre ele.

Dacă abordezi în felul ăsta ţine minte că nu e nevoie să ceri voie. Poziţionează-te unde vrei, începe să te muţi unde vrei tu, având atitudinea că nu au cum să te refuze şi că ceilalţi o să execute comenzile tale, fără comentarii suplimentare.

În felul ăsta, constrâns de împrejurări mi-am făcut o intrare pe cinste. Acum nu doar că nu avea cine să ne deranjeze, fiind ultimii în colţul mesei însă nici ea nu mai avea cum să plece de lângă mine.

Exact asta a fost şi replica cu care am început conversaţia. Mi s-a părut amuzant. Şi ei la fel. I-am spus că în situaţia asta, chiar dacă nu i-s-ar părea amuzant, oricum nu ar avea de ales. Şi cum cele trei persoane nu dădeau semne că s-ar ridica prea devreme, i-am şoptit că va fi o conversaţie foooarte lungă şi că sper că are nişte subiecte bune de conversaţie pentru că tind să mă plictisesc repede.

Cam aşa a început interacţiunea mea cu ea. Ideea e că eu mă simţeam bine şi fără ea şi mă simţeam bine şi în compania ei. Toate bune şi frumoase până când la un moment dat când i-am spus ce cred eu despre relaţii, ea m-a întrerupt zâmbind şi mi-a spus că exact acelaşi lucru i l-a spus şi prietenul meu Bogdan.

Trebuie să recunosc că m-a luat prin surprindere însă nu m-am pierdut. I-am zâmbit şi i-am răspuns ceva de genul "e posibil, însă el nu ţi-a spus ceea ce vei auzi în continuare de la mine..." şi am continuat în acelaşi stil.

Ne-am conectat destul de bine, am dansat, am râs şi am schimbat numere de telefon. Deşi tipa era într-o relaţie, ne-am mai văzut şi după aceea.

Ce am vrut să-ţi spun cu această întâmplare:

- Cuvintele contează prea puţin într-o interacţiune cu o femeie atrăgătoare. Ceea ce face diferenţa este energia cu care abordezi şi relaţionezi cu ea.

- Energia pe care o emani îşi are sursa în iubirea ta faţă de tine. Indiferent dacă te iubeşti sau nu, tu oricum relaţionezi cu oamenii printr-o anumită energie. Poate să fie o energie neagră, consumatoare sau poate să fie una deschisă, pozitivă care atrage oamenii în jurul tău.

- Pentru a avea succes în relaţia cu femeile este important să înveţi să vezi nivelul de energie al celorlalţi şi cum poţi rezona cu acesta şi cum îl poţi influenţa. Reţine că energia cea mai puternică învinge întotdeauna. Au fost două energii puternice în povestea de mai sus: gălăgia de pe ringul de dans în momentul horei cu care mai bine te sincronizezi decât să concurezi şi a doua, a fost energia cu care eu am abordat atunci când i-am ridicat pe toți în picioare.

Să revenim la iubirea de sine.

Am spus că iubirea de sine influențează direct calitatea energiei pe care o transmiți femeilor cu care intri în contact. Înainte de toate, reține că iubirea de sine e mai mult o decizie decât un exercițiu. Cam tot ce îți prezint în cartea asta ține mai mult de deciziile pe care le iei înainte de a face orice exercițiu și de a aborda orice femeie.

Despre acest subiect, al iubirii de sine, au fost scrise cărți întregi, de aceea pentru a fi cât mai eficient în ce ți-am promis la început, am selectat aici cele mai eficiente zece lucruri pe care le poți face acum pentru a învăța cum să te iubești pe tine.

Acestea sunt cele mai eficiente dintre lucrurile pe care eu le-am încercat pe propria piele împreună cu alți cursanți în cadrul workshop-urilor organizate.

Cele zece lucruri pe care le poți face acum pentru a-ți antrena și consolida iubirea de sine sunt următoarele:

1. Fii atent la dialogul tău interior și schimbă modul în care vorbești cu tine

Modul în care gândești îți influențează acțiunile pe care le faci. Dacă tu te duci să cunoști o tipă atrăgătoare și în mintea ta este multă gălăgie, mult conflict interior, nu vei ajunge prea departe. Este ca și când ai avea frâna de mână trasă. De aceea primul pas este să faci pace cu sabotorul tău interior. Cum faci asta ai să mă întrebi. În primul rând ești atent la ce îți spune adică la gândurile care îți trec prin minte. Lasă-le să curgă. Nu le contrazice. Acceptă că sunt ale tale.

E foarte important să nu te contrazici singur. Deci, data viitoare când te mai surprinzi că îţi vin în minte tot felul de scenarii şi tot felul de scuze, nu te opune, lasă-le să curgă, iar apoi pur şi simplu adaugi faptele sau lucrurile pe care tu le vezi pozitiv în contextul respectiv.

Spre exemplu: "Am greşit...am comis-o şi de data asta!" Laşi să curgă apoi îţi spui "ok... şi cu ocazia asta am aflat ce nu funcţionează şi sunt mândru de mine că am avut curajul să acţionez, acum ştiu ce să nu fac data viitoare".

Ceea ce ne ţine pe loc în dezvoltarea noastră este faptul că de mici am fost obişnuiţi să vedem numai greşelile pe care le facem şi să ne criticăm permanent pierzând din vedere ceea ce am făcut pozitiv.

Iar în orice scenariu şi orice acţiune există ceva pozitiv din care ai ce învăţa şi care te ajută să creşti. **Aşadar invitaţia mea este să te antrenezi să vezi lucrurile pozitive şi să ţi le spui.**

Acesta este un concurs zilnic, iar premiile sunt pe măsură. În primul rând vei simţi cum ţi se schimbă energia şi vibraţia de fiecare dată când reinterpretezi situaţia prin care treci. Şi tocmai acea energie te va face să fii dorit de femeile atrăgătoare.

2. Pune-te pe tine pe primul loc

Ai să-mi spui că sună egoist, nu mă supăr. Ideea e să începi să te pui pe primul loc. I-ai tot pus pe ceilalţi pentru că aşa ne învaţă societatea, acum e timpul să faci ceva diferit. E destul de simplu. Începe prin a spune "Nu" acelor oameni care doar îţi răpesc timp şi energie. Nu te implica în activităţi doar din politeţe sau pentru a nu supăra pe nimeni. Alocă timp pentru tine însuţi.

Eu nu spun să nu mai faci nimic pentru ceilalţi sau să nu-i mai ajuţi pe cei din jurul tău. Spun doar să te pui pe tine pe primul loc, adică să te serveşti pe tine mai întâi. Începe cu salariul sau orice ban pe care îl câştigi. Înainte de a-ţi plăti facturile, plăteşte-te pe tine primul. Pune deoparte într-un cont separat, o sumă special pentru tine. Nu contează cât. Cu cât e mai mare e şi mai bine însă la fel de bine poate să fie şi un leu, că nu contează.

Practic tu tot ceea ce trebuie să faci este să-ţi formezi obiceiul de a te pune pe tine pe primul loc mai întâi.

3. Redefineşte relaţia ta cu corpul tău

Dacă tot am spus mai devreme de energie, condiţia ta fizică este un factor cheie în această ecuaţie. E important să te simţi încrezător în corpul tău. Când ai o condiţie fizică bună practic te simţi mai viu.

Aici sunt sigur că ştii mai multe variante decât mine: mergi la sală, aleargă, alege un sport care ţi se potriveşte.

Treaba aia cu "mens sana in corpore sano" nu era vrăjeala. Energia ta fizică şi capacitatea de a rezista mai mult la efort fizic îţi influenţează direct capacitatea de a te concentra şi a fi focusat mai mult timp pe o anumită sarcină.

Şi îţi mai dau un motiv pentru care să te apuci de sport: apetitul, activitatea şi rezistenţa ta sexuală. Sunt de fapt trei motive dar promit că mă opresc aici. Sunt sigur că deja te-ai gândit la un sport pe care să-l practici.

4. Începe să faci curăţenie în viaţa ta

Asta îţi va antrena simţul organizării şi al disciplinei. Începe cu lucrurile mărunte cum ar fi curăţarea agendei de contacte din telefon, a adresei de email, a biroului personal etc. Aici e mai mult de făcut decât de povestit aşa că spor(t) la treabă!

5. Spune-ţi ţie "te iubesc!"

Începe chiar acum. Du-te la o oglindă, priveşte-te cu căldură şi spune-ţi "te iubesc, -numele tău!". Sesizează cum te simţi. Îţi este uşor să te priveşti şi să îţi spui cu inima deschisă "te iubesc"?

Nici o problemă şi mie mi-a fost greu la început. Acum încep să iasă convingerile tale la suprafaţă, însă hai să facem o înţelegere: Spune-ţi "te iubesc" de fiecare dată când vezi o oglindă (la tine acasă sau la ceilalţi) şi eu îţi garantez că vei fi de două ori mai încrezător în tine atunci când vei sta de vorbă cu o femeie pe care doar ce ai cunoscut-o.

Aşadar "Te iubesc!" e mantra ta numărul 1.

6. În situaţiile pe care le trăieşti, spune şi acceptă adevărul

Are legătură cu punctul 1 în ideea că nu are rost să te mai minţi pe tine cu ceea ce îţi place, ceea ce vrei să faci, ceea ce eşti, ceea ce vrei să-i spui unei femei, etc.

Aici e vorba de autenticitate şi ideea e simplă: decât să te lupţi cu tine încercând să pari ceea ce nu eşti, mai bine te iubeşti pe tine pentru că eşti extraordinar şi perfect şi că eşti cel mai bun începător care face progrese hotărâte către rezultatele dorite.

Deja ţi-am transmis una din convingerile mele. Adevărul face tot timpul loc dezvoltării tale personale, în timp ce minciuna nu atrage după ea decât o altă minciună.

Sunt sigur că dacă ai ajuns până aici, ai înţelepciunea de a alege varianta cea mai bună pentru tine.

Deci nu-i ascunde unei tipe ceea ce simţi, spune-i adevărul, că ai fantezii cu ea, că zâmbeşte într-un mod uşor erotic. Chiar dacă nu ştii exact ce să-i spui, prin practică vei învăţa repede cuvintele la care reacţionează. Noi ca bărbaţi învăţăm repede. Iar atunci când ne înfrăţim cu adevărul, o facem şi mai repede.

7. Ia o cină cu tine, sărbătoreşte-te periodic

Pentru a sărbători noua ta direcţie de dezvoltare, îţi recomand să te scoţi la o cină "romantică" cu tine. Alege un restaurant unde nu ai mai fost niciodată, însă ţi-ar place să mergi, îmbracă-te bine, bea un vin bun, ia-ţi agenda cu tine şi gândeşte-te cât de extraordinar eşti tu ca bărbat şi ce mişto o să fie de acum înainte. Îmi permit să spun "mişto" pentru că merge cu vinul pe care îl bei.

Acum poţi să şi notezi toate lucrurile care te fac atât de extraordinar.

8. Înlocuieşte "nu sunt", "nu pot", şi "nu merit" cu "eu sunt" "eu pot", şi "eu merit"

"Eu nu sunt suficient de bun" cu "Sunt suficient de bun de când m-am născut". Dacă aş fi avut nevoie de ceva în plus ca să reuşesc, m-aş fi născut cu ceva în plus.

Pe lângă faptul că sunt suficient de bun sunt şi al naibii de extraordinar. "Eu nu merit să fiu iubit" cu "Eu merit să fiu iubit". Dacă eu am învăţat să mă iubesc pe mine, atunci oricine poate să o facă. "Eu nu merit să cuceresc femei atrăgătoare, nu sunt suficient de înalt, deştept, bogat, etc" cu "Eu sunt atât de înalt cât am nevoie să văd de la distanţă femeile atrăgătoare, sunt suficient de deştept încât să învăţ din greşeli şi am toţi banii de care am nevoie ca să mă dezvolt personal. Sunt femei care caută tipi ca mine, exact în momentul de faţă! "

Cam asta e ideea. Totul e să vrei şi am încredere că vei bifa şi acest punct.

9. Renunţă la rolul de victimă, fii un învingător în schimb

Poţi să produci scuze sau poţi să produci rezultate. Însă niciodată amândouă în acelaşi timp. Adoptă convingerea că indiferent, chiar indiferent ce ţi se întâmplă, întotdeauna există o soluţie. Şi de cele mai multe ori această soluţie este la tine. Spune-ţi că există o soluţie, undeva în jurul tău doar că nu o vezi încă.

Femeile adoră învingătorii, iar tu eşti unul dintre ei.

10. Devin-o cel mai bun prieten al tău, încurajează-te de fiecare dată când ai ocazia

Cu siguranţă faci ceva bun în diferite momente ale zilei. Felicită-te cât mai des. Felicită-te chiar acum că citeşti acestă carte şi că ai decis să faci o schimbare în viaţa ta. Ştiu că nu va părea natural la început (pentru că suntem învăţaţi mai mult să ne criticăm şi să vedem ce nu am făcut bine) însă cu timpul o să înceapă să îţi placă.

Efectul imediat este că o să te simţi bine. Efectul secundar este că vei învăţa să-i feliciţi şi pe alţii în cele mai neaşteptate situaţii pentru ei, pentru că nici cei din jurul tău nu sunt învăţaţi să se aprecieze. Însă cel mai mare beneficiu este că vei învăţa să comunici în profunzime cu ceilalţi şi vei şti să oferi complimente autentice femeilor cu care vei interacţiona.

ÎNCĂ O DATĂ ACESTE ZECE LUCRURI PRIN CARE TE ANTRENEZI SĂ TE IUBEŞTI PE TINE, SUNT:

1. Fii atent la dialogul tău interior şi schimbă modul în care vorbeşti cu tine.
2. Pune-te pe tine pe primul loc
3. Redefineşte relaţia ta cu corpul tău
4. Începe să faci curăţenie în viaţa ta
5. Spune-ţi ţie "te iubesc!"
6. În situaţiile pe care le trăieşti, spune şi acceptă adevărul
7. Ia o cină cu tine, sărbătoreşte-te periodic
8. Înlocuieşte "nu sunt", "nu pot", şi "nu merit" cu "eu sunt" "eu pot", şi "eu merit"
9. Renunţă la rolul de victimă, fii un învingător în schimb
10. Devin-o cel mai bun prieten al tău, încurajează-te de fiecare dată când ai ocazia

Eu+, Tu+. Atitudinea prin care obţii succesul în interacţiunile cu femeile atrăgătoare

Ai auzit foarte des că în orice îţi propui să realizezi, contează foarte mult atitudinea. Dar ce este atitudinea mai exact şi cum poate fi ea schimbată ?

Simplu spus, atitudinea este formată din două elemente: părerea ta faţă de tine şi părerea ta faţă de ceilalţi, amândouă într-un anumit context.

Aşadar atitudinea ta faţă de o anumită persoană sau un anumit lucru depinde de părerea pe care o ai despre tine şi părerea pe care o ai despre persoana cu care interacţionezi. Despre tine poţi să ai fie o părere pozitivă fie o părere negativă la fel cum poţi avea şi despre ceilalţi.

Aşadar în relaţiile cu femeile pe care le întâlneşti poţi interacţiona prin una din următoarele patru atitudini.

Eu−

Eu−, Ea−	Eu−, Ea+
Eu+, Ea−	Eu+, Ea+

Ea−   **Ea+**

Eu+

Îţi dai seama că atitudinea care îţi aduce rezultate pe termen lung este Eu+, Tu+, însă până acolo hai să le luăm în ordine. E foarte important să înţelegi care este atitudinea ta obişnuită şi cum îţi influenţează aceasta succesul cu femeile pe care le întâlneşti.

Să începem cu Eu–

Când nu ai o părere bună despre tine eşti Eu–. Reţine de la început că Eu–, nu este decât o percepţie nu un adevăr, prin urmare poate fi schimbată oricând.

Suntem Eu–, fiindcă am învăţat sau am fost învăţaţi de mici să ne comparăm cu ceilalţi scoţând în evidenţă punctele noastre slabe. Ori considerăm că nu ştim să facem un lucru, ori că dacă îl facem nu are cum să iasă bine pentru că nu avem destulă experienţă şi multe alte exemple de genul ăsta sunt toate semne ale unei atitudini Eu–.

De reţinut este faptul că minusul apare din comparaţie. Prin comparaţie căutăm de fapt repere exterioare pentru a ne măsura valoarea. Iar atunci când le căutăm în exterior vom găsi persoane şi mai bune decât noi şi mai slabe decât noi, numai că am fost învăţaţi să vedem mai mult partea goală a paharului.

Cum te afectează poziţia de Eu– în relaţia cu femeile

Prin minus, poţi avea două tipuri de atitudini în interacţiunile cu femeile. Eu– şi Ea+ sau Eu– şi Ea–. Aceste două atitudini sunt cele mai întâlnite în comunitatea bărbaţilor care vor să înveţe cum să cucerească femei.

Este tipul care intră în această comunitate din dorinţa de a fi mai încrezător în forţele proprii, de a învăţa cum să depăşească frica de abordare şi cum să înveţe câteva replici şi metode prin care să ajungă cât mai repede ori la sex, ori la o relaţie pe termen lung.

Când ai atitudinea Eu−, Ea+ ai tendinţa să pui femeile pe un piedestal să le tratezi cu atenţie şi cu respect aşa cum te-a învăţat mama ta. Prin faptul că tu o vezi pe ea undeva sus şi tu te vezi mai jos, crezi că trebuie să munceşti să o cucereşti sau să faci ceva anume ca ea să te placă. Prin atitudinea asta eşti foarte reactiv. Dacă o tipă strănută mai tare eşti imediat cu şerveţelul lângă ea (îmi permit să mai fac câte o glumă pentru că şi eu am fost la fel).

Nu e un lucru rău dacă eşti în felul acesta, pur şi simplu aşa am fost învăţaţi de mamele noastre. Pot să mai spun despre genul acesta de bărbaţi cu atitudinea Eu−, Ea+ că ei sunt tipii romantici care îşi creează tot felul de scenarii romantice în mintea lor şi care cred că trebuie să impresioneze pentru a o câştiga şi pentru a o face să-şi dorească să fie cu el. Acesta este genul de bărbat care crede că "trebuie să facă ceva" pentru a cuceri o femeie. De aceea el se bazează pe tehnici şi replici şi vine la seminarii şi workshopuri, pentru a învăţa CUM să facă ceva sau CE să-i facă unei femei pentru a o seduce.

Ai înţeles deja că adevărata provocare este de a fi, înainte de a face. El chiar dacă învaţă nişte tehnici şi replici inteligente le va aplica tot din atitudinea de minus, va genera nişte experienţe negative şi va sfârşi mult mai frustrat ca înainte.

Mesajul meu prin comunitatea de dezvoltare personală pentru bărbaţi, TheRealMan, este mai întâi să fii înainte de a face.

Despre cea de-a doua atitudine Eu–, Ea–.

Aceştia sunt de regulă bărbaţii care au trăit experienţe negative cu femeile. Cel mai frecvent sunt bărbaţi care au avut relaţii şi au fost dezamăgiţi, părăsiţi sau înşelaţi de femeile cu care au interacţionat. Pentru aceşti bărbaţi femeile sunt curve, bagaboante, de neînţeles, nenorocite, viclene, de neîncredere, etc.

Aceşti bărbaţi interacţionează printr-o atitudine negativă cu acestea şi nu e de mirare că sfârşesc singuri şi trişti. Aceşti bărbaţi sunt sclavii propriilor convingeri şi prin tot ceea ce fac şi întâlnesc îşi reconfirmă propria realitate, în care femeile sunt aşa cum cred ei că sunt. Aceştia sunt bărbaţii care caută doar sex şi nu sunt interesaţi de relaţii, pentru că se feresc de ele, pentru că nu vor să creeze contextul în care să fie răniţi din nou.

Am o veste bună pentru tine.

Dacă ai suferit în relaţiile cu femeile şi ai această atitudine negativă la adresa femeilor să ştii că nimeni nu e sută la sută negativ. Iar acel mic procent în care o vezi poate pe mama sau sora ta cu plus, îţi oferă şansele de care ai nevoie pentru a evolua ca bărbat.

Reţine că ceea ce ţi-a înfrânat ţie succesul până acum a fost generalizarea şi anume că toate femeile sunt într-un anume fel, iar soluţia pe care ţi-o propun eu este particularizarea adică să realizezi că doar o femeie ştii că este într-un anume fel, restul există şansa să fie nişte femei total diferite şi extraordinare care abia aşteaptă să te cunoască.

Şi pentru tine ca bărbat, provocarea este de a fi înainte de a face. Trecem la cel de-al doilea set de atitudini, cele cu +.

Atitudinea Eu+, Ea−.

Bărbatul cu plus are încredere în forţele lui ca bărbat şi în puterea lui de a atrage femeile pe care şi le doreşte. El acţionează faţă de acestea printr-o poziţie de superioritate, iar în unele cazuri poate fi misogin. Priveşte femeile doar ca pe un obiect sexual şi de regulă şi comunică foarte sexual faţă de acestea, modul lui de a relaţiona fiind unul atrăgător pentru că femeile nu întâlnesc aşa ceva în fiecare zi.

El are succes la femei prin atitudinea lui total relaxată faţă de acestea. Îi este uşor să glumească pe seama lor şi să le ia peste picior, ba chiar să le provoace peste măsură.

Nu îi pasă dacă o femeie îl refuză pentru că oricum el nu o doreşte cu adevărat. Nu îşi face un obiectiv din a cuceri o femeie. Care pică e bine venită şi ştie că oricum mai devreme sau mai târziu va obţine ceea ce doreşte.

Acest bărbat nu se fereşte să ameninţe şi să fie agresiv cu femeile.

Ei bine, ceea ce vreau să-ţi spun este că genul ăsta de bărbat, bărbatul rău reprezintă unul dintre motivele pentru care ceilalţi bărbaţi nu au succes cu femeile: pentru că ei nu vor să fie băieţii răi. Ei nu vor să se transforme în băieţii răi pentru că le place să fie buni. În plus societatea te încurajează să fii băiat bun şi te condamnă dacă eşti băiat rău.

În orice caz, tu, dacă citeşti cartea asta nu eşti un băiat rău. Băieţii răi nu cumpără genul ăsta de cărţi. Răspunsul meu referitor la băiatul bun sau băiatul rău este că o femeie îi vrea pe amândoi. Orice femeie vrea să îi oferi şi atenţie dar şi protecţie, dominanţă şi suspans.

Atât băiatul bun cât şi băiatul rău sunt doar două extreme formate de societate. Cheia este să iei ce e mai bun de la amândoi.

Eu+, Ea+

Acesta este bărbatul adevărat care interacţionează prin cea mai sănătoasă atitudine cu femeile pe care le întâlneşte.

Pentru mai multe detalii despre acest tip de bărbat îţi recomand să citeşti şi cartea "Calea Bărbatului Superior – de David Deida". Este modelul de bărbat care inspiră comunitatea TheRealMan pentru că dincolo de tehnici şi metode de a interacţiona cu femeile atrăgătoare, acesta este un bărbat liber.

Este sincer în intenţiile lui, nu se fereşte să-i spună unei femei că o găseşte atrăgătoare, îi împărtăşeşte acesteia fanteziile lui şi chiar dacă aceasta îl refuză pe moment el nu o judecă ci o lasă în energia ei şi revine mai târziu.

Cum îl recunoşti atunci când îl întâlneşti (ca de la bărbat la bărbat):

- Când stai de vorbă cu el simţi că nu vrea să te domine, să-ţi arate cât e el de deştept sau cum ştie el să te ajute. În schimb, acesta te ascultă până la capăt şi te tratează ca pe un frate, de la egal la egal.
- Nu te simţi mic şi începător în preajma lui pentru că acesta are darul de a scoate la lumină toate calităţile pe care tu ai încetat să le mai vezi.
- Simţi că are încredere în tine, în puterea ta ca bărbat şi asta te face şi pe tine să te simţi mai încrezător.

- În relaţiile cu femeile, acesta le tratează cu iubire şi sinceritate. El interacţionează mai mult la nivel energetic fiind centrat în masculinitatea sa prin care comunică autentic cu energia feminină.
- Dacă o femeie îl refuză, acesta ştie că nu are legătură cu el ci mai degrabă cu valorile ei în momentul respectiv.
- El nu seduce femeile ci le invită pe acestea într-o călătorie emoţională din care ele aleg să nu mai plece.
- Înţelege deplin energia feminină, cunoaşte cele mai profunde fantezii ale acestora însă nu profită de ele pentru a-şi construi imaginea de machoman. Este întotdeauna discret în interacţiunile sale.
- Îşi înţelege pe deplin puterea şi rolul ca bărbat şi o foloseşte pentru bine. În interacţiunile sale le lasă întotdeauna pe femei, într-o stare mult mai bună decât atunci când le-a întâlnit.

CONCLUZIE:

Aşa cum ştii deja eu cred că poţi deveni un bărbat adevărat. Pe măsură ce faci paşi şi conştientizezi tot mai multe despre tine, evoluezi înspre varianta ta cea mai bună.

Aşa cum au făcut-o şi alţii, o poţi face şi tu. Ca un mic secret îţi spun că tu nici măcar nu ştii cât de extraordinar eşti dar eşti pe cale să descoperi.

În această parte ai învăţat că tu relaţionezi cu oamenii din jurul tău, implicit cu femeile pe care le întâlneşti, prin una dintre cele patru atitudini.

Uite mai jos o mică recapitulare:

Cele patru atitudini prin care poţi relaţiona cu femeile pe care le întâlneşti:

Eu–, Ea– Dezamăgitul	Eu–, Ea+ Romanticul
• nu are încredere în el şi nici în femei • a avut experienţe negative cu femeile din viaţa lui • crede că aşa sunt lucrurile, că lui îi lipsesc anumite calităţi şi că nu mai poate face mare lucru în privinţa asta • găseşte întotdeauna scuza perfectă pentru a nu acţiona • dacă ajunge în cele din urmă la seminarii şi workshopuri în funcţie de traineri riscă să devină un Băiat rău (Eu+, Ea-), va reuşi să cucerească femei însă va avea probleme în relaţii • problema lui nr. 1 este lipsa de încredere în forţele proprii şi o viziune pozitivă asupra lumii. Dacă nu face ceva repede, riscă să rămână singur. • provocarea lui nr. 1 Decizia de a se schimba. Dacă alege să se schimbe totul devine uşor. Începe să vadă şi alte posibilităţi şi perspectiva lui asupra dinamincii relaţiilor începe să fie mai permeabilă.	• nu are încredere în el, îşi caută o prietenă pentru o relaţie îndelungată • e genul care îşi face tot felul de scenarii pentru a o impresiona pe tipa pe care vrea să o cucerească • crede că este un băiat bun care o ascultă şi merită să o aibă • nu înţelege cum tipa "greşeşte" mereu şi alege toţi bădăranii care o tratează urât, în loc să îl aleagă pe el • nu îşi manifestă niciodată adevăratele intenţii pentru că nu vrea să fie refuzat sau să strice prietenia • crede că dacă împrieteneşte cu ea, la un moment dat ea o să ajungă să îl placă • problema nr. 1 este că prin felul lui de a interacţiona cu femeile, riscă să rămână întotdeauna ultimul şi dacă este dezamăgit poate ajunge Depresiv.(eu-, ea-) • provocarea lui nr 1 este să iasă din zona de confort şi să înceapă să facă propuneri şi să-şi manifeste adevăratele intenţii de la începutul interacţiunii

Eu+, Ea– Băiatul rău	Eu+, Ea+ Bărbatul Adevărat
• nu iubeşte femeile nici nu îşi dă voie să le înţeleagă cu adevărat • este de regulă popular şi lumea vorbeşte despre el, fapt ce îl face să pară dorit şi de succes în relaţia cu femeile • pentru el femeia este mai mult o modalitate de a-şi satisface nevoile sexuale • are succes cu femeile pentru că este o fire mai rebelă, mai aventuroasă • le tratează de sus pe femei, le domină, nu îi este greu să le provoace fapt ce îl face un tip interesant • îi este uşor să stabilească atracţie, însă are mari probleme pe partea de conexiune • problema lui nr. 1 este iubirea de sine şi frica de a se simţi vulnerabil • provocarea lui nr. 1 este să-şi descopere adevăratele valori	• se iubeşte pe el însuşi înainte de toate • iubeşte şi respectă energia feminină, înţelege foarte bine rolul lui ca bărbat • interacţionează cu femeile pe care le întâlneşte dintr-o poziţie de autenticitate • crede în oameni şi le dă putere celor din jurul lui să se descopere şi să-şi urmărească visurile • este într-o călătorie personală proprie unde o invită pe femeia pe care o cucereşte, nu face din această femeie singurul lui scop în viaţă • este deschis în declaraţiile lui de intenţie nu se fereşte să fie sexual şi direct faţă de femeia care îl atrage • problema nr. 1 – nu există, toate sunt privite ca oportunităţi de a creşte • provocarea nr. 1 să întâlnească o femeie care să îl completeze

Provocarea pentru tine este să te antrenezi în atitudinea Eu+, Ea+. Bineînţeles că mai întâi trebuie să devii tu plus. Vezi cele zece puncte din capitolul cu iubirea de sine. Apoi poţi să te antrenezi să vezi femeile cu plus. Şi tocmai despre asta e vorba în capitolul următor.

Cum arată femeia pe care vrei să o întâlneşti ?

Mi-amintesc şi acum.

Eram la Vama Veche la tabăra Attraction Mastery pe care o organizăm anual. Bărbaţi din toată ţara inclusiv un tip din Danemarca veniseră să stea o săptămână cu noi, pentru a învăţa cum să fie "mai buni cu femeile".

De regulă în prima zi începem să lucrăm la schimbarea convingerilor limitatoare.

Am observat că participanţii erau destul de încordaţi, ştiind ceea ce urmează să facem în tabără. Ca şi când a interacţiona cu o femeie e la fel ca o luptă în care doar cel mai puternic câştigă. Această tensiune este destul de frecventă în rândul celor ce sunt la stadiul de nevoie în relaţia cu o femeie. Stadiul de nevoie înseamnă că vrei să cucereşti o femeie pentru că tu consideri că îţi poate satisface nevoile sexuale.

Însă dacă vrei să ai succes în interacţiunile tale poţi să treci de la stadiul de nevoie la stadiul de dorinţă. Diferenţa este subtilă însă în stadiul de nevoie, tu te simţi minus pentru că ceva îţi lipseşte, iar ea este cu plus, pentru că deţine cheia fericirii tale.

În stadiul de dorinţă tu însă eşti cu plus pentru că eşti bărbat, ea este cu plus pentru că e femeie, amândoi sunteţi extraordinari şi unici în potenţialul vostru, iar dorinţa apare din faptul că tu vrei să cunoşti şi alte persoane extraordinare cu care să împărtăşeşti energia ta.

Pe scurt, în nevoie ceri şi te lupţi cu tine, iar în stadiul de dorinţă, oferi darul tău de masculinitate prin energia şi voia bună pe care o manifeşti.

Primul pas pentru a trece de la nevoie la dorinţă

Pentru a face primul pas ai nevoie să înţelegi femeile altfel decât până acum.

Bărbaţii s-au aşezat în semicerc, iar eu în faţa lor, am scris pe flipchart cu roşu – "Ce nu ne place la femei" apoi i-am invitat pe bărbaţi să vină fiecare cu câte un răspuns.

La final, planşa afişa următoarele idei:

Ce nu ne place la femei ?

➢ sunt complicate
➢ nu sunt hotărâte
➢ nu îţi spun adevărul
➢ nu te poţi baza pe ele
➢ sunt de neînţeles
➢ sunt materialiste
➢ sunt plângăcioase
➢ înşeală
➢ se plictisesc repede
➢ una zic şi alta fac
➢ sunt fiţoase
➢ nu răspund la telefoane
➢ ....
➢ ....
➢ ....

Unde am lăsat liber completează şi tu cu ale tale ca să facem exerciţiul împreună.

În continuare am luat o altă planşă şi am notat tot cu roşu:

De ce ne plac femeile ? / Ce anume ne place la ele ?

Aici bărbaţii participanţi au stat puţin să se gândească şi au venit cu următoarele variante:

- Pentru că miros frumos
- Pentru că au pielea fină
- Pentru că ne fac de mâncare, ne spală, ne calcă, fac curăţenie
- Pentru sex
- Pentru că ne fac să ne simţim bine
- Pentru că sunt jucăuşe
- Pentru că ştiu să iubească
- Pentru că se îmbracă sexy
- Pentru că dansează frumos
- Că au energie
- Pentru că au ţâţe şi ne place să ne jucăm cu ele
- ....
- ....
- ....

Ok, nu ştiu tu, însă noi ne-am distrat completând această listă. În acelaşi timp ne-am dat seama că femeile nu sunt în totalitate într-un anume fel. Adică femeile nu sunt acele făpturi complicate cu care trebuie să te lupţi dacă vrei să le cucereşti.

Distrându-ne cu acest exerciţiu, practic ne schimbăm perspectiva şi tensiunea începe să dispară.

Al treilea pas este reformularea a ceea ce nu ne place la ele în ceva pozitiv. Principiul de la care plecăm este că în fiecare lucru negativ există o intenţie pozitivă. Atunci când vezi partea pozitivă a unui lucru practic nu te mai afectează şi nu mai are putere asupra ta.

Spre exemplu la "femeile sunt complicate şi de neînţeles" partea pozitivă este că "în interacţiunea cu o femeie, nu o să ne plictisim niciodată şi o să descoperim tot timpul ceva nou". Reformulată din nou ar putea fi "interacțiunea cu o femeie este tot timpul o aventură".

Diferența între cele două convingeri o face modul în care te simți. Și asta urmărim de fapt. Ține minte că ți-am spus la început că totul se rezumă la energia cu care interacționezi, energie generată și influențată de gândurile și convingerile tale.

Reformulând practic îți schimbi energia.

Eu unul mă simt lipsit de putere când îmi spun că "femeile sunt complicate și de neînțeles" și mă simt entuziasmat și nerăbdător să descopăr lucruri noi atunci când îmi spun "interacțiunea cu o femeie este tot timpul o aventură interesantă".

EXERCIȚIU:

Acum, ia toate lucrurile care nu îți plac și reformulează-le scoțând în evidență partea pozitivă. Dacă înveți să devii un maestru în reformulări practic devii un maestru al propriei stări implicit a energiei pe care o manifești în jurul tău.

Ce nu ne place	Ce e grozav
➤ sunt complicate	Interacțiunea cu o femeie este tot timpul o aventură interesantă.
➤ nu sunt hotărâte	Asta înseamnă că pot să hotărăsc eu în locul ei / asta înseamnă că pot să hotărăsc eu pentru amândoi.
➤ nu îți spun adevărul	Asta înseamnă că le place să mă surprindă.
➤ nu te poți baza pe ele	Asta înseamnă că eu sunt de bază. Eu decid ce putem să facem împreună.

➢ sunt de neînțeles	Asta înseamnă că atracția nu este un proces cognitiv, nu ține de înțelegere ci mai mult unul emoțional. Partea bună este că o să fiu mai viu, îmi dezvoltă latura emoțională.
➢ sunt materialiste	Asta înseamnă că practic ele depind de mine, nu eu de ele.
➢ sunt plângăcioase	Asta înseamnă că sunt sensibile, gingașe și că împreună cu ea nu o să fim doi bărbați în casă.
➢ înșeală	Femeile înșeală doar dacă nu se simt împlinite și satisfăcute. Asta e o provocare pentru mine să mă dezvolt personal și să înțeleg cum să satisfac o femeie.
➢ se plictisesc repede	Asta înseamnă că îmi provoacă mereu creativitatea și că o să facem mereu lucruri noi și interesante.
➢ una zic si alta fac	Asta înseamnă că pot ușor să-mi dau seama de ele, fiind atent la comportament, nu la vorbe.
➢ sunt fițoase	Asta înseamnă că au standarde înalte ca și ale mele.

În concluzie, cu cât lucrezi mai mult la reformularea convingerilor tale despre femei cu atât devii mai relaxat şi mai detaşat în interacţiunile tale cu ele.

Cum să câştigi jocul atracţiei înainte să îl joci

Ai văzut deja că punem foarte mare accent pe energia cu care interacţionezi cu ceilalţi.

În capitolele anterioare ai devenit conştient de această energie şi ai învăţat cum o poţi influenţa şi controla astfel încât să lucreze pentru tine nu în defavoarea ta. Ai învăţat care sunt mecanismele prin care creşti şi amplifici această energie în tine.

Acum o să mergem un pas mai departe şi am să-ţi arăt cum poţi direcţiona această energie către persoanele cu care interacţionezi, în special cu femeile care îţi plac.

Principiul pe care îl poţi reţine este că succesul cu femeile ca şi în orice alt domeniu în viaţa ta, începe mai întâi în mintea ta.

Henry Ford avea o vorbă: Dacă tu crezi că se poate, ai dreptate. Dacă tu crezi că nu se poate şi în acest caz, ai dreptate.

Ideea e că succesul tău cu femeile nu poate merge dincolo de ceea ce tu crezi că este posibil. Iar ceea ce tu crezi că este posibil în relaţia cu femeile este dat în mare măsură de experienţele prin care ai trecut. Dacă în mintea ta sunt stocate amintirile unor experienţe neplăcute cu femeile pe care le-ai întâlnit, atunci tu blochezi inconştient energia pozitivă pe care tocmai ai învăţat să o creezi.

Primul pas pentru a putea manifesta această energie l-ai făcut în capitolul anterior când ai reformulat toate convingerile tale negative despre femei.

Următorul pas este să lucrăm la aşteptările tale.

Vom intra în mintea ta (adică tu vei intra că eu oricum nu am acces) şi vei învăţa să te antrenezi mental pentru succes.

Cu cât te vei antrena mai des, cu atât vei rescrie tiparul emoţional asociat experienţelor cu femeile.

Ideea e simplă: Femeile reprezintă un stimul care generează în tine ori emoţii şi sentimente pozitive, ori negative, toate acestea în funcţie de experienţele tale anterioare.

Cu alte cuvinte, atunci când vezi o femeie atrăgătoare, creierul tău generează automat toate acele emoţii negative, pentru că ai avut experienţele tale când ai fost refuzat, înşelat, ignorat, etc.

Oricât de mult curaj îţi vei face, programul tău mental va dicta emoţia şi energia cu care interacţionezi, iar dacă aceasta nu e favorabilă femeia va simţi, te va refuza din nou pentru că simte că ceva e în neregulă cu tine, iar tu îţi vei confirma şi mai mult realitatea în care credeai deja, accentuând şi mai mult vechile convingeri care afirmă că "femeile sunt de neînţeles, eu sunt mai timid, etc, etc".

Înţelegi acum că în modul acesta tu antrenai un tipar mental care lucra în defavoarea ta.

Cum poţi să-l faci să lucreze în favoarea ta ?

Simplu: Schimbarea începe din interior aşa că **schimbă tiparul mental. Schimbă filmul pe care ţi-l rulezi în mintea ta.**

Partea interesantă este că fiind în mintea ta poţi scoate şi poţi adăuga ce vrei tu. Poţi modifica personaje, modul cum se comportă cu tine, modul cum tu interacţionezi cu ele, culoare, peisaj, orice. Prin acest exerciţiu practic începi să îţi modifici **imaginea**

personală (lucrezi cu tine la nivel de identitate). Începi să te priveşti drept un tip care socializează relaxat cu femeile atrăgătoare, face diverse propuneri şi nu ezită să le împărtăşească acestora cele mai provocatoare intenţii.

Uite ce poţi face:

În loc să vezi în mintea ta, numai ce NU poţi să faci şi numai ce poate să ţi se întâmple rău, când vine vorba de femei, INVERSEAZĂ SCENARIUL!

Antrenează-te să te vezi intrând în conversaţii cu femei, care îţi zâmbesc, care îţi răspund prieteneşte, construieşte diverse scenarii POZITIVE.

EXERCIŢIU PRACTIC:

În fiecare seară, când te bagi în pat, închide ochii şi imaginează-ţi! Construieşte propriul film!

Imaginează-ţi că eşti într-un cinematograf şi că urmăreşti un film în care tu eşti actorul principal.

Adaugă personaje, culori, peisaje, diverse scenarii pozitive în care vrei să te comporţi ca un bărbat adevărat şi femeile să-ţi răspundă aşa cum îţi doreşti.

Ia toate scenariile prin care ai trecut sau de care te temi şi transformă-le în scenarii pozitive.

ATENŢIE:

Ca orice lucru nou, vei avea nevoie de antrenament!

Deoarece creierul tău nu e obişnuit cu asemenea scenarii, va opune rezistenţă! Îţi va oferi tot felul de scuze cum că tu nu eşti aşa, tu nu ai X, etc.

Când observi astfel de gânduri, doar dă comanda ANULEAZĂ şi treci mai departe. (CUT!.... aaand .... ACTION!)

Îţi garantez că practicând zi de zi, îţi va fi din ce în ce mai uşor. Primul efect pe care îl vei simţi este că vei fi mult mai relaxat în preajma femeilor, că energia ta s-a schimbat şi oamenii vor simţi asta şi în cele din urmă vei ATRAGE femei în viaţa ta. Vei recunoaşte situaţiile oportune în care poţi aborda femeile, cu alte cuvinte vei fi un bărbat schimbat pentru că TE ANTRENEZI să faci asta.

Această tehnică a ajutat mulţi bărbaţi să-şi depăşească fricile interioare. Eu sunt unul dintre ei. Şi eu am provocările mele şi mă folosesc de această metodă pentru a mă pregăti mental pentru succes.

Acum e rândul tău, puterea e în mintea ta!

Pentru mai multe informaţii despre imaginea personală şi cum îţi influenţează aceasta succesul în viaţă îţi recomand cartea Psihocibernetica de Maxwell Maltz.

Prima femeie pe care o poţi iubi cu adevărat

Vreau să-ţi povestesc o întâmplare care mi-a schimbat viaţa.

Prin 2012, am participat la un seminar de încredere şi autenticitate. Acesta a durat două zile, într-un singur weekend în care trainerul ne-a dat peste cap toate convingerile despre ce înseamnă să fii bărbat şi să relaţionezi autentic şi încrezător cu o femeie.

Aici l-am cunoscut pe Vibhavan[2], un maestru de aproape 60 de ani cu o energie extraordinară. Vibhavan avea o poveste asemănătoare cu a noastră, a participanţilor, în ideea că şi el pornise într-o călătorie de descoperire a identităţii şi puterii sale masculine.

Era din America însă nu arăta ca un american obişnuit. Ne-a povestit cât suntem de norocoşi că suntem aşa curioşi de tineri, el practic a fost nevoit să-şi lase nevasta şi copiii şi să plece în India pentru că nu se mai regăsea în ceea ce făcea şi în viaţa pe care o trăia. Deşi o ducea foarte bine financiar, a lăsat totul în urmă pentru că simţea că ceva îi lipseşte.

Acum era un bărbat fericit şi un tată împlinit, pentru că familia lui ajunsese să îl aprecieze pentru faptul că a plecat să-şi urmeze inima, fiind un exemplu pentru ceilalţi. Vibhavan era un bărbat pe cât de energic pe atât de calm şi de profund când vorbea cu tine. Era o scânteie în privirea lui care te făcea să simţi că are încredere în tine.

---

[2] Pe numele real Thomas Fischer, facilitator Osho din S.U.A

Cele două zile petrecute cu grupul de bărbaţi au fost extraordinare. Atunci am realizat importanţa grupului de bărbaţi, cât de important este să fim sinceri între noi şi să ne susţinem în provocările noastre.

Prin ceea ce am făcut împreună cu Vibhavan, meditaţie, exerciţii de disciplină japoneză şi multe alte jocuri experenţiale ne-a arătat cum să ne luăm puterea înapoi ca bărbaţi. Multe dintre aceste exerciţii le facem şi noi acum, împreună cu participanţii la taberelele organizate.

Practic, în acele două zile, Vibhavan a fost pentru noi, tatăl pe care nu l-am avut niciodată. (omul care a discutat cu noi, deschis, despre femei şi despre rolul nostru ca bărbaţi)

Mă refer aici la energia masculină autentică, un exemplu de susţinere care te pune faţă în faţă cu fricile tale cele mai mari şi te asistă şi încurajează să le depăşeşti rând pe rând.

Crede-mă că a fost o experienţă extremă, în care şi cei mai curajoşi dintre bărbaţi au plâns foarte mult.

Darul cel mai de preţ pe care ni l-a oferit Vibhavan a fost că ne-a pus în contact cu inima noastră. Gândiţi prea mult, spunea el.

Eu cu maestrul Vibhavan

Calea către adevăr este în inimă. Dacă ai energii blocate în dreptul inimii îţi va fi greu să iubeşti o femeie şi vei rămâne nefericit.

Adevărata provocare nu este să înveţi lucruri noi, ci să te dezveţi de cele vechi şi să-ţi dai voie să iubeşti. Prin experinţele pe care le-a creat Vibhavan, am conştientizat următorul lucru de maximă importanţă, care de fapt a constituit fundamentul pentru bărbatul care sunt astăzi.

De-a lungul taberelor pe care le organizăm am transmis această idee mai departe pentru că reprezintă esenţa în dezvoltarea ta ca bărbat adevărat, capabil de relaţii autentice.

Şi tocmai această idee vreau să ţi-o transmit şi ţie, drag prieten.

În călătoria ta de a deveni un bărbat atrăgător, adevărata ta provocare este să iubeşti. Şi nu vei putea niciodată să iubeşti şi să cucereşti o femeie pe care doar ce ai cunoscut-o, dacă nu o iubeşti mai întâi pe femeia pe care o cunoşti de o viaţă.

E vorba de mama ta.

Ştiu că este un punct sensibil şi că relaţia ta cu mama ta nu e probabil aşa cum îţi doreşti. Ştiu totodată că sunt multe energii blocate în inima ta, energii care te-ar ajuta să comunici autentic cu femeile pe care le întâlneşti, dacă doar ţi-ai da voie să o iubeşti pe mama ta mai întâi. Aşadar primul pas către devenirea ta ca bărbat adevărat este să-ţi vindeci relaţia pe care o ai cu mama ta.

Provocarea pe care mi-a dat-o Vibhavan a fost să o sun pe mama mea şi să-i spun cât de mult o iubesc.

Este un moment dificil. Este momentul când băiatul începe să devină bărbat. Indiferent cum este relaţia ta cu mama ta şi care va fi reacţia ei vizavi de acest lucru, puterea este la tine.

Imediat după mama ta, urmează tatăl tău. Are şi el un loc aparte în inima ta şi poate că în anumite cazuri, în funcţie de cum ai fost crescut, energia blocată este mai mare în direcţia lui.

Fă pace cu mama şi cu tatăl tău.

Ştiu că nu e un lucru uşor, însă îţi garantez că te vei simţi extraordinar de împăcat şi liber după ce îţi vei vindeca relaţia cu părinţii tăi.

Ai început această carte, ar fi păcat să te opreşti aici.

Ca să te inspir în acestă experienţă, îţi spun că şi alţi bărbaţi au făcut-o înaintea ta şi că acum este rândul tău. Reţine că toate lucrurile se întâmplă cu un motiv şi că acum este momentul perfect potrivit pentru ca tu să faci lucrurile să se întâmple.

În cazul meu, la sfârşitul primei zile petrecute cu Vibhavan când acesta ne-a dat această misiune, mi-am ales un moment de linişte în care am fost recunoscător pentru toate lucrurile pe care mama mea   le-a făcut pentru mine şi pe care mi le-a oferit.

Aveam o provocare în faţă şi nu mi-era uşor. Crescusem într-o familie în care nu eram obişnuit să mi se spună "Te iubesc", iar acum când eu vroiam să-i spun mamei mele acest lucru îmi venea foarte greu. Am sunat-o şi i-am spus să mă asculte câteva momente că am ceva important să-i spun. În aproximativ două minute i-am spus că sunt recunoscător pentru tot ceea ce a făcut pentru mine, că ştiu că a făcut tot ceea ce a putut şi că mi-a oferit ce a considerat ea mai bun şi că...o iubesc.

A urmat tăcere....

Apoi a început să plângă şi să-mi spună lucruri pe care nu le discutasem niciodată împreună. Energia care fusese blocată începuse să se mişte şi mă simţeam extraordinar.   Plângând, mi-a mărturisit şi ea că mă iubeşte şi prin faptul că purtam această conversaţie de la egal la egal, am început să nu mă mai simt copil ci un bărbat matur, puternic, iubitor, care îşi asumă relaţiile cu ceilalţi.

Ne-am conectat ca niciodată şi de atunci am o relaţie extraordinară cu mama mea. Bineînţeles că a doua zi m-a sunat să mă întrebe dacă sunt grav bolnav sau sufăr de vreo boală incurabilă.   Am zâmbit şi i-am confirmat că sunt mai sănătos ca niciodată mai ales că îmi luasem o piatră de pe inimă şi începusem să îmi dau voie să iubesc.

Sunt recunoscător lui Vibhavan şi acestei experienţe pentru că fără ea, nu aş mai fi fost astăzi în relaţia extraordinară cu femeia pe care am întâlnit-o după aceea.

După ce ţi-ai vindecat relaţia cu mama ta, e momentul să procedezi la fel şi cu tatăl tău. În cele mai multe cazuri, tatăl nu plânge ca mama, ci se blochează atunci când aude de la tine că îl iubeşti.

Se blochează pentru că nici el nu a fost obişnuit să-şi dea voie să iubească. Societatea ne învaţă că bărbaţii trebuie să fie într-un anume fel şi tocmai acest fel ne face să fim rigizi şi închişi în faţa exprimării sentimentelor.

Gândeşte-te că în felul acesta îl eliberezi şi pe el.

E posibil ca unul sau ambii părinţi să nu mai fie în viaţă (dacă încă mai sunt, fii recunoscător şi spune-le acum cât de mult îi iubeşti cât încă mai ai ocazia).

În cazul în care nu ai posibilitatea să le mai spui direct că îi iubeşti, poţi foarte bine să le scrii o scrisoare pe care mai apoi să o citeşti cu voce tare, ca şi când ei te-ar auzi de acolo de unde sunt.

Reţine că tot procesul acesta de iertare şi iubire nu are legătură cu ei, cu reacţia lor, ci doar cu tine, acesta fiind începutul procesului tău de dezvoltare personală. Dacă mai ai fraţi, surori, bunici sau alte persoane care au o influenţă emoţională puternică asupra ta, poţi să le spui şi acestora cât de mult îi iubeşti.

Cu cât faci asta de mai multe ori, începi să deblochezi energia care te va ajuta să relaţionezi autentic şi atrăgător cu femeile pe care le întâlneşti.

Felicitări bărbate, a fost cel mai greu pas. Acum că l-ai trecut, îmi poţi trimite un mail să-mi spui cum te simţi.

Şi vreau să ştii că eu, în calitate de camarad al tău, te iubesc şi te apreciez complet pentru ceea ce faci şi ce eşti.

Ai o putere extraordinară. Fii mândru că eşti bărbat pentru că lucrurile sunt pe cale să se schimbe pentru tine.

Cum să fii un magnet pentru femeile care contează cu adevărat pentru tine

Acum că ți-ai vindecat relația cu părinții putem să facem pași importanți pentru ca tu să întâlnești și să cucerești femeia pe care ți-o dorești.

E important să fii sincer cu tine și să stabilești din start că nu vrei să cucerești toate femeile pe care le vei întâlni. Vor fi multe la număr, însă doar pe câteva le vei place cu adevărat și vei dori să le cunoști mai bine.

Având această idee în atenție și reciproca este valabilă. Nu toate femeile pe care le vei întâlni, vor dori să te cunoască mai bine. Asta nu înseamnă că tu sau ele aveți o problemă ci că pur și simplu nu vă potriviți la nivel de energie, valori, etc.

Scopul tău ca bărbat în această călătorie este să le întâlnești pe acele femei care să rezoneze cu energia și felul tău de a fi. Cu genul ăsta de femei vei avea relații extraordinare și satisfacții multiple. Când spun satisfacții mă refer la tot felul de satisfacții, la nivel mental, spiritual și sexual bineînțeles.

Așadar e important ca de la început de drum să știi ce anume dorești. Gândește-te ce fel de femei vrei să întâlnești, ca atunci când o întâlnești pe ea să o poți recunoaște dintr-o mie.

Sunt două motive principale pentru care recomand cu putere să te gândești serios ce fel de femeie vrei să întâlnești:

1. pentru că în felul ăsta vei putea comunica autentic după propriile tale criterii și vei realiza foarte ușor conexiune emoțională cu femeile care te atrag pentru că vei ști să oferi complimente sincere bazate pe calitățile pe care tu le apreciezi la o femeie.

Având propriile criterii vei fi perceput foarte atrăgător pentru că vei fi un bărbat hotărât, care știe ce vrea de la o femeie, iar când tu începi să spui lucrurile pe care aștepți să le primești, femeile se vor grăbi să-ți facă pe plac.

2. al doilea motiv pentru care îți recomand să te gândești ce fel de femeie îți dorești, este că în felul acesta devii extrem de selectiv și câștigi ani buni din viață care s-ar fi consumat în relații disfuncționale cu femei cu care nu te potrivești.

Așadar, această parte a cărții este o invitație la afirmarea adevărului tău personal. Ce este adevărat pentru tine, în ce privesc dorințele tale față de o femeie?

➢   Cum vrei să arate?
➢   Ce anume vrei să îi placă?
➢   Ce să facă în timpul liber?
➢   ....

Toate întrebările la care te poți gândi și care să o definească foarte clar în mintea ta. Cu cât este mai clară cu atât mai bine.   Acordă-ți o zi din viață pentru a descrie femeia ideală pentru tine. Nu trebuie să fie nevasta ideală, ci femeia ideală. În momentul în care vei pune pe hârtie exact acele calități pe care le apreciezi la o femeie, lucruri magice se vor întâmpla în viața ta.

Gianina, femeia pe care o iubesc și alături de care trăiesc o relație extraordinară acum, a avut o experiență plăcută, până la lacrimi, în momentul în care mi-a descoperit în agendă, scris cu liniuţă, portretul femeii pe care doresc să o întâlnesc. Citind, însemnările mele din agendă, practic s-a descoperit pe ea.

Ştiind că ceea ce citeşti rămâne între noi, am să-ţi dezvălui câteva dintre lucrurile pe care le scrisesem în agendă. Mă hotărâsem să fac şi eu exerciţiul de a-mi imagina şi a descrie cu exactitate femeia pe care doresc să o întâlnesc.

Uite ce scria în agenda mea:
➢ vreau să aibă energia feminină a lui Palmy (o cântăreaţă de origine tailandeza, care cântă din plăcere şi mai puţin pentru a vinde albume)
➢ să aibă spirit de aventură, să îi placă să încerce idei şi experienţe noi, să nu fie conservatoare
➢ vreau să aibă o latură artistică, să mă fascineze prin eul ei interior
➢ vreau să fie super sexuală, mândră de corpul, formele şi energia ei feminină şi să fie ok să experimenteze tot felul de nebunii
➢ să fie pasională, să îi placă să facem dragoste şi sex sălbatic
➢ să vrea să înveţe să gătească, să îi placă să îmi pregătească masa şi să aibă grijă de mine
➢ să îi placă curăţenia, să fie harnică şi îngrijită
➢ să fie pozitivă, de acţiune şi să aibă încredere în propria persoană
➢ să mă iubească
➢ să fie frumoasă ... Şi dimineaţa!

Dacă o să citeşti mai multe despre Legea Atracţiei şi Fizica Cuantică, o să înţelegi cum noi, chiar influenţăm şi atragem experienţele prin care trecem.

Când am întâlnit-o pe Gianina am simţit instant că e genul de femeie pe care o caut. Ulterior am descoperit că este mai mult decât mi-am dorit, dar lucrurile pe care eu le-am notat, le-a bifat pe toate. Ea ca femeie se manifestă exact în energia care mă atrage, iar referitor la latura artistică, e dansatoare profesionistă şi coregraf, în plus a luat şi lecţii de vioară.

Am scris că îmi doresc să fie super sexuală, ei bine se pare că acest "super" la ea înseamnă că de multe ori este mai nebunatică şi mai activă decât mine aşa că la capitolul ăsta sunt super satisfăcut. În toţi aceşti ani de când suntem împreună a învăţat să gătească tot felul de reţete exotice, exact aşa cum îmi place mie şi nu ratează nici o ocazie să-mi surprindă simţurile.

Este pozitivă şi încrezătoare în forţele proprii, calităţi pe care eu ca bărbat le apreciez foarte mult la o femeie, pentru că multe dintre cele pe care le întâlnisem în trecut, erau antrenate să construiască scenarii negative.

Bineînţeles este prima femeie lângă care m-am simţit iubit. Şi pentru toate acestea de mai sus, îi sunt recunoscător că a ales să facem echipă împreună.

Aparent faptul că ea corespunde cu multe dintre lucrurile pe care eu mi le-am clarificat că mi le doresc, poate fi considerat o coincidenţă sau în cel mai bun caz, o coincindenţă incredibilă.

Mai incredibil o să ţi se pară următorul fapt.

În urmă cu trei ani înainte să fac acest exerciţiu şi să o întâlnesc pe Gianina, noi doi am mai fost în acelaşi context, însă nici măcar nu am remarcat-o.

Să-ți spun cum s-au întâmplat lucrurile.

Imediat după absolvirea facultății, m-am mutat cu jobul la Brăila. Necunoscând pe nimeni în acel oraș, m-am gândit că cel mai inteligent lucru ar fi să mă înscriu la masterat, ceea ce am și făcut.

Așadar singurele momente când mai socializam și cu alții în afara serviciului era la masterat și în Mall în weekend când ieșeam să fac practică (adică să intru în conversație cu femei necunoscute să-mi șlefuiesc abilitățile sociale).

Într-unul din weekenduri când în Mall s-a organizat un târg de nunți, am abordat-o pe una din fetele prezente la unul dintre standurile respective. Am râs un pic cu ea, i-am luat numărul, rămânând să mai ținem legătura. Tipa respectivă era prietena cea mai bună a Gianinei. Ideea e că și Gianina era de față la doar doi metri lângă ea, însă eu nici măcar nu am observat-o.

Practic eu m-am dat la prietena ei, când puteam foarte bine să mă dau la ea.

Acum, cunoscându-le destul de bine pe amândouă, mă bucur că sunt cu Gianina pentru că ea e femeia pe care o căutam.

Concluzia și morala acestei mici povești din istoria mea personală este că în **momentul în care iei decizia** că vrei să-ți cumperi un Seat Leon, vei observa numai Seat Leon în jurul tău.

Lucrurile pe care le vezi mai întâi în mintea ta, le atragi și în realitate. Și cu cât ești mai focusat pe ceea ce îți dorești cu atât mai repede le vei atrage.

Femeia pe care o vezi mai întâi în mintea ta, o vei atrage și în realitate. Dacă nu ai nici o femeie în mintea ta și criteriile tale practic nu există pentru că plaja e prea largă, vei întâlni numai femei cu care nu vei reuşi să ai relaţii de calitate.

Aşadar, ia-ţi agenda, un pix şi începe să scrii ce fel de femeie vrei să întâlneşti. Cu cât mai multe detalii cu atât mai bine.

Îţi garantez că la un moment dat, o să vă uitaţi amândoi pe ceea ce tu ai scris şi nu o să vă vină să credeţi.

Dacă tu nu te pui pe primul loc, nimeni altcineva nu o va face pentru tine

Vrei să ştii cum poţi să fii fericit instant ?

Pune-te pe tine pe primul loc.

Dacă ai citit cu atenţie până aici, atunci ştii că am mai vorbit despre acest lucru. Însă merită să aprofundăm puţin subiectul pentru că este unul critic în evoluţia ta ca bărbat.

De mici suntem învăţaţi să-i punem pe ceilalţi pe primul loc. Să avem grijă de ceilalţi, de fraţii şi surorile noastre, să facem lucrurile de care părinţii noştri să fie mândri. Ca adulţi ajungem să luăm decizii, pentru ceilalţi înainte să luăm pentru noi.

I-aş spune că îmi place de ea, dar oare cum o să reacţioneze? Oare ce o să zică? Sau ce o să zică, mama, tata, prietenii mei când or să afle acest lucru?

Cunosc foarte bine acest dialog intern pentru că şi eu m-am confruntat cu el aşa cum se confruntă mulţi bărbaţi care vor să facă o schimbare în viaţa lor, însă nu se încumetă pentru că le e jenă de ce or să creadă ceilalţi.

Suntem antrenaţi să ne raportăm foarte mult la cei din jurul nostru şi în general la lucrurile din exterior. Nu de multe ori mi s-a întâmplat cu participanţii de la tabără să treacă o tipă super aranjată pe lângă noi şi ei să mă întrebe "mamă,... cine e aia?" De cele mai multe ori, întrebarea este greşită. Important în ecuaţia asta este "cine eşti tu?" asta este adevărata întrebare.

Data viitoare când vezi o tipă şi te auzi întrebându-te "cine e aia?" anulează întrebarea şi mai bine întreabă-te "cine sunt eu?". Pentru a putea fi prezent într-o interacţiune şi total în contact cu energia ta masculină, atunci trebuie să fii conştient de tine. Trebuie să te pui pe primul loc în fiecare situaţie şi tu poţi face asta începând de astăzi.

Dacă ai zburat vreodată cu avionul, ai observat că atunci când se face instructajul pentru acţiunea în caz de accident, prima dată trebuie să-ţi pui ţie masca şi tocmai după aceea celor pe care vrei să îi ajuţi.

Instructorul spune clar: dacă ai lângă tine un copil, nu îi pune lui masca mai întâi, pentru că tu trebuie să fii primul conştient ca să ai grijă de el într-o situaţie critică.

Ce suntem învăţaţi noi ca bărbaţi să facem într-o situaţie critică? Bineînţeles îi punem pe ceilalţi pe primul loc. Stai într-o relaţie pentru că nu vrei să îl răneşti pe celălalt, nu îi spui când ceva te doare pentru că nu vrei să îl deranjezi sau să îl superi.

Cu alte cuvinte când îi pui pe ceilalţi pe primul loc şi tu iei toate deciziile în funcţie de ei, joci de fapt unul dintre aceste două jocuri psihologice: eşti când Salvator, când Victimă.

Eşti Salvator pentru că te sacrifici pe tine şi intenţiile tale, pentru binele celuilalt. În exterior eşti un băiat extraordinar, iar în sufletul tău nu ştii de ce lucrurile nu funcţionează pentru tine şi de ce nu poate fi măcar o dată aşa cum vrei tu. În interior eşti Victimă.

Sfatul şi propunerea mea camaraderească este să fii Adult. Să înţelegi că nimeni, nici o femeie pe care o vei întâlni nu este responsabilă pentru fericirea ta şi că doar tu eşti responsabil de asta.

Asta presupune să înțelegi că provocarea nu se află în a întâlni cât mai multe femei din care să alegi una, ci a te întâlni pe tine mai întâi ca apoi să atragi femeia potrivită.

Uite ce face un bărbat care se pune pe el primul loc înainte să-i pună pe ceilalți:

- ➢ se întreabă "dar ce cred EU despre asta?" în loc de "oare ce va crede ea despre asta?"
- ➢ alege să spună "cum voi reacționa eu, indiferent de comportamentul și vorbele ei?" în loc de "oare cum va reacționa când îi voi spune că îmi place de ea?"
- ➢ "unde mi-ar plăcea mie să merg la o primă întâlnire?" în loc de "oare unde să o duc la prima întâlnire?"
- ➢ "o plac?" în loc de "mă place?"
- ➢ vorbește mai mult în afirmații decât în întrebări care sug energie
- ➢ conduce interacțiunea în loc să o lase pe ea să conducă
- ➢ comunică autentic, în loc să se gândească cum să-i facă ei pe plac
- ➢ lansează propuneri pe care și le asumă, decât să o întrebe pe ea ce vrea să facă (adică își asumă responsabilitatea interacțiunii nu i-o pasează ei)

A te pune pe tine pe primul loc nu înseamnă să nu-ți pese de ceilalți. Înseamnă a fi conștient de dorințele și nevoile tale și a fi sincer cu cealaltă persoană în legătură cu ele. Și tocmai din acel spațiu de sinceritate să găsiți o modalitate prin care să-ți satisfaci și nevoile tale și nevoile ei.

Iar dacă vei învăța să te pui pe tine pe primul loc și să fii sincer cu tine și cu femeile, le vei oferi și acestora exemplul de care au nevoie pentru a face şi ele acelaşi lucru.

Apropo de sinceritate, am o poveste interesantă.

Mă întorsesem la Sibiu, unde aveam o prietenă pe care o cunoscusem de pe vremea când eram student.

Nu ne mai văzusem de luni bune şi am zis să o sun să ne vedem. Ideea e că doar ce ajunsesem, eram un pic obosit şi nu aveam chef să ne plimbăm prin oraş ore întregi.

Ştiam în schimb că vreau să mă culc cu ea. Aveam o poftă nebună de sex. M-am întrebat dacă să o sun şi să-i spun să ne vedem în oraş sau să îi spun că vreau să ne vedem direct la mine.

Am ales să fiu radical de sincer cu ea şi să mă detaşez de rezultatul final. Mi-am reformulat ca scop să fiu cât mai sincer şi am renunţat să proiectez un scenariu care depindea şi de ea pentru a se întâmpla. (dacă scopul meu era să obţin întâlnirea, asta depindea şi de ea şi riscam să fiu dezamăgit)

Mi-am spus că dacă o să fiu 100% sincer cu mine şi cu ea, obiectivul meu de a mă pune pe mine pe primul loc va fi atins, iar eu mulţumit şi împăcat cu propria persoană.

Am sunat-o. I-am spus că am ajuns în oraş, că mi-ar face plăcere să ne vedem însă nu am dispoziţia necesară să ies în oraş, iar dacă în contextul ăsta putem să ne vedem direct la mine, ar fi super. Bineînţeles că reacţia ei nu a fost una pozitivă. Însă a fost destul de echilibrată. Mi-a spus că nu e ok aşa, că e mai bine să ne vedem în oraş, că nu îi place cum sună, că am venit după atâta timp şi o chem direct la mine.

I-am spus că nu am dispoziţia necesară să ies în oraş însă asta nu are nici o legătură cu ea. Ştiu că e o situaţie nepotrivită şi că nu îi cer un lucru uşor, însă mi-ar plăcea să vină la mine.

Ştiam că nu era uşor ce îi cereram. Se confrunta cu propriile ei frici în legătură cu reputaţia ei de fată cuminte. Venind direct la mine se gândea că o face uşuratică şi ea nu vroia asta.

M-a întrebat ce o să facem dacă vine la mine. Aici majoritatea bărbaţilor ar fi dat înapoi şi ar fi răspuns un pic mai soft, gândindu-se la zona ei de confort. Am ales să fiu sincer până la capăt şi i-am răspuns că o chem la mine pentru că vreau să mă culc cu ea şi că o să se simtă extraordinar. În schimb nu mi-ar fi plăcut să o mint că da, să ne întâlnim, să ne plimbăm două ore ca eu să mă gândesc tot timpul la ce va urma după.

I-am spus toate acestea şi că am ales să fiu sincer cu ea ca să ştie la ce să se aştepte. Mi-a spus că ea nu este o bagaboantă şi că nu va veni. I-am mulţumit pentru sinceritate şi i-am spus că în situaţia în care se răzgândeşte, o aştept cu drag. Iar dacă nu vine, o înţeleg perfect şi rămâne să ne vedem pe altă dată.

A închis. Eu m-am băgat în pat. După 10 minute îmi trimite SMS: - Care e adresa?

Cam despre asta e vorba în a te pune pe tine pe primul loc. Este un exerciţiu constant de sinceritate cu tine însuţi şi cu ceilalţi indiferent de reacţia lor. Tu oricum nu poţi să le schimbi reacţia sau să îi faci să se simtă într-un anumit fel. Asta e treaba lor.

Însă dacă alegi să-ţi asumi propria putere ca bărbat şi să antrenezi relaţii bazate pe sinceritate, vei experimenta lucruri pe care nu le credeai posibile.

Şi acesta este doar începutul.

Dacă vrei să ai succes în dragoste învaţă să eşuezi cât mai des şi cât mai devreme

Citatul motivaţional după care m-am ghidat de-a lungul experienţelor prin care am trecut este următorul: Învingătorii nu renunţă niciodată, iar cei care renunţă, nu câştigă niciodată.

Vreau doar să îţi spun că ai început o călătorie frumoasă. Aceea în care te vei descoperi şi dezvolta ca bărbat. Ce poate fi mai frumos decât să înveţi cât mai multe lucruri despre tine.

Ceea ce te va ajuta şi mai mult în călătoria ta, în afară de conceptele discutate deja până aici, este să faci din eşecurile tale, prietenii tăi cei mai buni. Eu sunt convins că nu există eşec ci doar experienţe din care ai de învăţat. Aşa cum tu ai ales această carte, totul în viaţa ta se întâmplă cu un motiv şi depinde de tine să descoperi care este acela.

Sfatul meu este că indiferent de ce situaţii întâmpini să mergi înainte. Cu fiecare experienţă, vei deveni mai puternic ca bărbat. Poate te ajută să afli că prin provocările pe care le vei întâlni, au mai trecut şi alţi bărbaţi înaintea ta. Mulţi au renunţat, însă există şi câţiva bărbaţi, învingătorii, care au perseverat şi au mers înainte. Acum e rândul tău să alegi din care categorie vrei să faci parte.

A doua parte a acestei cărţi e menită să facă lucrurile mai uşoare pentru tine.

Îţi mărturisesc că nu aş fi scris această carte dacă nu aş fi crezut în potenţialul tău de învingător. Faptul că ai ajuns până aici îmi spune că eşti deschis să ieşi din zona de confort şi să faci lucrurile să se întâmple pentru tine.

Felicitări bărbate,

Ai terminat prima parte !

You rock !

– PARTEA A II-A –
ARTA ȘI ȘTIINȚA ATRACȚIEI
CUM SĂ ATRAGI ȘI SĂ CUCEREȘTI O
FEMEIE DE NOTA 10

"Femeia poate fi satisfăcută cu o singură iubire, complet împlinită, pentru că ea nu se uită la trupul bărbatului, ea privește la calitățile cele mai intime. Ea nu se îndrăgostește de un bărbat care are un corp musculos frumos, ea se îndrăgostește de un bărbat care are o charismă – ceva indefinibil dar uluitor de atractiv – care are un mister ce trebuie explorat. Ea vrea ca bărbatul ei să nu fie doar un bărbat, ci o aventură în descoperirea conștiinței."

- Osho

Partea a doua a acestei cărţi este la fel de importantă ca şi prima. În această parte vei înţelege cu adevărat ce se află în spatele interacţiunilor interumane. Dacă eşti atent la ceea ce urmează să îţi prezint şi practici şi exerciţiile prezentate, îţi vei dezvolta ceea ce eu numesc, un al şaselea simţ.

La sfârşitul celei de-a doua părţi a acestei cărţi vei fi în măsură:

➢ să înţelegi cum funcţionează de fapt atracţia
➢ să faci din fricile tale, aliatul tău numărul 1
➢ să te asiguri că nu vei mai ajunge niciodată "doar un simplu prieten" în relaţia cu femeile care îţi plac
➢ ieşi din zona de prietenie cu femeile şi să duci lucrurile la următorul nivel
➢ să le spui femeilor ceea ce gândeşti despre ele, fără să-ţi fie teamă că vei fi judecat
➢ să fii genul de bărbat care îi inspiră pe ceilalţi să acţioneze
➢ să recunoşti microsemnalele pe care le emit femeile atunci când sunt atrase de tine
➢ să conduci cât mai uşor şi cât mai natural interacţiunea ta cu o femeie, de la prima întâlnire la momente de intimitate maximă
➢ şi multe altele care or să-ţi placă

Aceste concepte pe care urmează să ţi le prezint au fost împărtăşite până acum, doar participanţilor la taberele noastre, aceştia plătind sute de euro pentru a le afla. Chiar dacă această carte a costat foarte puţin, vreau să acorzi atenţia cuvenită lucrurilor pe care urmează să ţi le împărtăşesc.

Toate aceste concepte au fost descoperite prin propria experienţă de-a lungul a multor interacţiuni reuşite şi de cele mai multe ori nereuşite.

Tocmai pentru a nu fi nevoit să treci prin aceleaşi greşeli şi pentru a câştiga timp, vreau să fii foarte atent.

Să trecem aşadar, la treabă.

Ce a uitat tatăl tău să-ți spună despre femei (puterea secretă a sexualității tale)

Am o problemă cu dezvoltarea personală a bărbatului din ziua de astăzi. Mergi la o grămadă de cursuri cu dorința sinceră de a fi mai bun însă adevărata provocare este amânată tot mai mult.

Am avut ocazia să întâlnesc sute astfel de bărbați care erau doxă de cursuri de comunicare și relaționare. Și eu am fost unul dintre ei. Am crezut că prin replica magică pot să cuceresc orice femeie. Te invit să mă contrazici însă eu cred că prin toate aceste cursuri tu nu cauți femeia ci de fapt te cauți pe tine.

Pentru că nimeni nu îți spune cum să fii bărbat și nici nu îți arată, tu, prin ceea ce faci, prin cursurile pe care le urmezi, speri să găsești acel sentiment de încredere că ești pe direcția cea bună în dezvoltarea ta.

Am o problemă cu dezvoltarea personală pentru că de cele mai multe ori creează confuzie. Tu ai impresia că te apropii de scopul tău, însă de cele mai multe ori te îndepărtezi și mai tare. Mergi la un curs de persuasiune sau public speaking că e la modă. E drept că bărbații care vorbesc în public sunt mai atrăgători. Și eu pe vremea când eram președinte la Toastmasters, am cunoscut o mulțime de femei. Abilitatea de a vorbi în public, ca și multe alte abilități dezvoltate prin diverse cursuri, atrage femeile, însă dacă vrei să și faci ceva cu ele și să ai o relație cu toate deliciile, ai nevoie de o altă abordare.

Singura care funcționează pe termen lung.

Am început să obțin rezultate consistente în relațiile cu femeile în momentul când mi-am pus întrebări referitoare la energia masculină.

Ce înseamnă să fii bărbat cu adevărat ?

E întrebarea la care tatăl meu nu mi-a răspuns niciodată (poate pentru că nici lui nu i-a răspuns tatăl lui).

Înainte de a răspunde la această întrebare, care este monumentală pentru succesul tău personal, dă-mi voie să-ți reamintesc provocarea pe care am expus-o și la începutul acestei cărți.

Provocarea cu care ne confruntăm noi ca bărbați:

➢ Suntem crescuți de mamele noastre pentru că de cele mai multe ori, tații noștri sunt absenți încercând să câștige banii necesari familiei

➢ Mamele noastre, cu cele mai bune intenții, ne învață să fim băieți buni. Ele ne învață să devenim soți extraordinari însă nu au cum să ne învețe să fim un bărbat autentic. Mama ta te învață cum să te comporți în societate, cum să te comporți cu o femeie după ce ai luat-o de nevastă și mai deloc cum să o atragi

➢ Lipsa energiei masculine te face să-ți asculți și să-ți antrenezi mai mult latura feminină. Devii romantic, sensibil, gentleman.

➢ Societatea îți oferă modelul prin care poți să cucerești o femeie: du-te la scoală, învață bine, obține o meserie bănoasă, cumpără-ți mașină și casă și vei avea femeile pe care le dorești.

> Trage de fiare, cumpără-ţi haine de ultima fiţă şi multe femei vor sta la coadă să te cunoască
> Dacă te uiţi în jur, în filme, în presă, vezi patru modele de succes care îţi sunt "vândute". Eu le numesc **Antreprenorul, Vedeta, Băiatul rău şi Romanticul.**

Antreprenorul atrage prin putere financiară, Vedeta prin popularitate, Băiatul rău prin atitudine şi Romanticul bineînţeles prin sentimente. E clar că fiecare dintre aceşti bărbaţi are femei în jurul lui. Însă la fel, există şi antreprenori, vedete, băieţi răi sau romantici care pe termen lung nu au succes în dragoste.

Asta înseamnă că nu acesta este modelul autentic pe care îl cauţi. Vestea bună este că există ceva mai profund când vine vorba de modele.

Şi anume modelul Bărbatului Adevărat sau modelul Bărbatului Autentic dacă îţi sună mai bine şi mă refer aici strict la energia masculină în raport cu energia feminină. Pentru că vezi tu, celelalte modele, Antreprenorul, Vedeta, Băiatul Rău şi Romanticul, nu sunt în relaţie directă cu energia feminină.

Antreprenorul este în relaţie cu banii, vedeta poate că este în relaţie cu arta, teatrul, muzica, băiatul rău este în relaţie cu un sport periculos sau o activitate provocatoare, romanticul este în relaţie cu oamenii care l-au format.

O să-mi spui că şi Romanticul este în relaţie cu femeile. Posibil. Însă nu este în relaţie directă cu energia feminină pentru că nu o înţelege. El are doar o proiecţie pe care i-a dat-o mama lui, societatea, etc. Poate părea mai greu de digerat dar rămâi cu mine. Vreau doar să subliniez faptul că până nu intri în contact cu adevărata ta esenţă masculină, indiferent că eşti vedetă, antreprenor sau orice altceva, nu vei avea relaţii sănătoase pe termen lung cu energia feminină.

Acum poţi înţelege ce înseamnă energia masculină autentică dacă te raportezi la următoarele repere:

În cultura chineză există principiul de **Yin** şi **Yang**, care presupune două polarităţi care sunt în echilibru.

Relaţia perfectă de echilibru este când tu prin energia masculină o întâlneşti pe ea în energia ei feminină. Iar când e împlinită condiţia de echilibru, atunci poţi să spui că există atracţie, pentru că e vorba de două polarităţi care se completează reciproc.

Cu cât tu vei fi mai prezent în energia ta masculină cu atât ea va fi mai prezentă în energia ei feminină sau altfel spus pe cât eşti tu de bărbat pe atât va fi ea de femeie.

Problema în ziua de astăzi e că nu mai avem polaritate. Bărbaţii se comportă precum femeile şi femeile precum bărbaţii. Bărbaţii sunt crescuţi să fie emoţionali şi grijulii, iar femeile să fie puternice şi să ocupe aceleaşi funcţii ca şi bărbaţii.

În cursa egalităţii în drepturi, nu s-a obţinut egalitate ci asemănare. Iar atunci când bărbaţii se comportă precum femeile şi invers, atracţia dispare.

Vestea bună este că dacă tu activezi şi înveţi să manifeşti energia ta masculină, la fel va face şi ea.

Rolul tău ca bărbat este să iniţiezi. (Este şi un rol energetic şi unul cultural, femeile aşteptându-se ca bărbaţii să facă primul pas).

Hai să mergem un pic mai departe.

Natura de bază a **Yin**-ului este asemeni **apei**, iar cea a **Yang**-ului este asemeni **focului**. Femeia e apă, iar bărbatul este foc. Asta înseamnă că femeia, asemeni apei, poate să treacă printr-o multitudine de stări într-un timp relativ scurt.

De aceea o femeie poate să plângă acum, iar în cinci minute să râdă cu tine. Este o manifestare biologică pentru că în felul ăsta, evolutiv vorbind, ea este în stare să comunice cu un nou născut, care nu are încă darul vorbirii ci comunică doar la nivel de emoţii şi gesturi.

Femeia prin circuitul ei receptiv-emoţional, ştie instant dacă un copil de câteva luni, vrea să mănânce sau să fie îngrijit pentru că a făcut pe el.

Pe de altă parte, bărbatul fiind foc nu are decât două stări de referinţă. Există sau nu există. Focul e aprins sau e stins. Atât.

Aplicând principiul echilibrului Yin-Yang, o femeie poate să fiarbă, să-şi dea voie să experimenteze liber o gamă largă de emoţii, doar dacă focul este aprins.

De aceea o femeie are nevoie de tine ca să se manifeste în energia ei şi să simtă că este vie. Faptul că focul este aprins, îi dă ei voie să urce în intensitate şi în aceeaşi măsură să coboare de fiecare dată când simte nevoia, pentru că acum se simte în siguranţă.

De aceea e foarte important să fii prezent în energia ta masculină şi să nu te pierzi.

Dacă ea plânge, tu să fii bărbatul care o îmbrăţişează puternic pentru a-i da încrederea necesară că totul e ok.

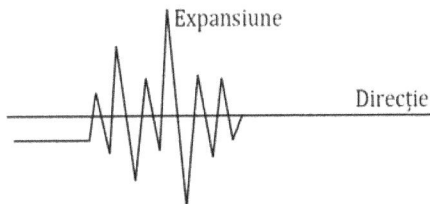

Bărbatul reprezintă Direcția energiei iar femeia Expansiunea ei. Dacă tu ești centrat în energia ta masculină, ea poate să danseze liber pe lângă tine. Dacă însă tu oscilezi emoțional, la fel de mult cum face ea, atunci ea nu o să se mai deschidă așa mult pentru că nu are un reper de centrare la care să revină. Centrat nu înseamnă fără emoții ci mai degrabă non reactiv la toate oscilațiile ei emoționale.

Un alt aspect care îți oferă indicii valoroase referitoare la rolul tău de bărbat este răspunsul la următoarea întrebare:

Cu ce vine bărbatul în întâmpinarea lumii?

Pentru a afla răspunsul la această întrebare, ridică-te în picioare, dezbracă-te complet, apoi stai drept cu greutatea pe ambele picioare.

Cu ce parte a corpului tău vii tu în întâmpinarea lumii? Exact.

Cu organul tău sexual. Super. Acum, care este rolul organului sexual al unui bărbat?

Să penetreze.

Asta înseamnă că rolul tău ca bărbat, metaforic vorbind este să penetrezi lumea femeii. Până la urmă asta înseamnă să fii foc. Tu ca bărbat, ai puterea de a face lucrurile să se întâmple.

Rolul tău ca bărbat este să penetrezi lumea femeii. Totodată este și o putere extraordinară pe care poți să ți-o asumi. Înțelege că nimeni în afară de tine ca bărbat, nu poate penetra lumea unei femei. E nevoie de un bărbat pentru asta. Femeile au nevoie de noi bărbații pentru asta.

Acesta este cel mai mare secret pe care tatăl tău a uitat să ți-l spună.

Pe lângă faptul că nu ți-a spus nimeni acest lucru, societatea a asociat sexualității tale și puterii tale penetrante, multă vinovăție. Acum că știi toate acestea e momentul să-ți iei puterea înapoi și să începi să penetrezi lumea femeilor pentru că doar așa le poți face fericite. Ăsta e rolul tău ca bărbat și niciuna dintre ele nu o poate face în locul tău.

De aceea spun că ai o putere extraordinară.

Nici nu știi ce sentiment de eliberare m-a cuprins prima dată când am aflat acest adevăr.

Eu te îmbrățișez ca pe un frate și mă bucur că ai atras această carte și că ai ajuns să te simți și tu liber să te manifești în adevărata ta energie masculină.

Hai să vorbim un pic și despre femei.

Acum dezbrăcăm o femeie. Tot așa stă dreaptă în fața ta. Vreau să o privești din profil și să-mi spui cu ce parte vine ea în întâmpinarea lumii. Nu cu vaginul ei, asta e sigur.

Cu sânii mai exact!

Cu inima ei, adică cu latura ei emoțională. În momentul în care va întâlni un bărbat autentic în energia lui, aceasta se va simți liberă să se exprime emoțional. Va fi un dans între cei doi, între cele două tipuri de energii complementare.

Ceea ce fac însă majoritatea dintre bărbați este să fie și ei la fel de emoționali și reactivi atunci când interacționează cu o femeie. Nefiind polaritate, rezultă zero atracție.

Atracția apare atunci când ești centrat în energia ta și penetrezi realitatea femeii, invitând-o la diverse interacţiuni. Nu toate interacţiunile vor fi acceptate (depinde şi de femeie şi ele au propria călătorie de dezvoltare personală) însă acele interacţiuni care vor fi acceptate natural vor fi printre cele mai frumoase pe care le poţi avea cu o femeie.

Ce înseamnă să penetrezi lumea unei femei?

Înseamnă să intri în lumea ei cu încredere. Înseamnă să o opreşti din ceea ce face şi să îi spui că vrei să o cunoşti. Înseamnă să o întrerupi cu un sărut atunci când simţi că vorbeşte prea mult. Înseamnă să o iei de mână şi să o conduci. Înseamnă să o inviţi la dans. Înseamnă să îi ceri numărul şi să stabileşti o întâlnire. Înseamnă să vrei să o săruţi, iar dacă te refuză să mai încerci o dată. Înseamnă să o inviţi la tine. Înseamnă să-i pui o eşarfă pe ochi, să o conduci în dormitor şi să o laşi să-şi imagineze cele mai nebune fantezii în timp ce tu torni vinul în pahare. Înseamnă să conduci pas cu pas de la primul sărut până la cele mai intime momente. Înseamnă să fii dominant în pat şi să o pui în poziţii prin care să experimenteze plăcere maximă.

Tu ca bărbat ai darul conducerii. Eşti un lider. Dacă vrei să se comporte ca o femeie lângă tine, fii tu bărbat lângă ea.

Despre Atracţie – pe limbajul unui adolescent de 16 ani

De ce ne plac femeile?

Dar de ce ne plac ele pe noi?

Răspunsul nu se află într-un argument raţional ci într-unul biologic. Mai exact, atracţia este un mecanism biologic, adânc înrădăcinat în sistemul nostru emoţional care asigură perpetuarea speciei. Bine, bine, dar cum funcţionează? Sau mai bine spus ce anume face ca o femeie să fie atrasă de un bărbat şi invers?

În primă fază poţi să înţelegi că atracţia depinde de două variabile: capacitatea de reproducere şi capacitatea de supravieţuire. Când un bărbat se uită la o femeie, acesta percepe în mod subconştient toţi acei indicatori care arată că femeia este în măsură să poarte un copil şi să îl nască sănătos.

Un raport al taliei – coapse de 0.7 îţi transmite că e în măsură să poarte o sarcină. De aceea ne atrag femeile cu fundul bombat. Nişte sâni mari ne arată că femeia este capabilă să alăpteze copilul. De aceea o femeie cu sânii mari ne atrage întotdeauna privirea.

Printre altele cele mai importante caracteristici ar mai fi: vârsta, culoarea pielii, starea de sănătate, nivelul de energie, zâmbetul, lungimea şi sănătatea părului.

Care dintre femeile de pe pagina următoare, ţi se pare mai atrăgătoare? ☺

Răspunsul este evident.

Ai descoperit că ceea ce te atrage de fapt la o femeie este modul în care tu o percepi sau nu capabilă să susţină o sarcină. Asta e tot.

NOTĂ:

Simt nevoia unei mici clarificări. Definesc Atracţia ca fiind acea nevoie biologică prin care tu te **simţi** atras să ai contact sexual cu o femeie. Atât şi nimic mai mult.

Atracţia ca emoţie nu implică nimic mai mult decât o relaţie sexuală. Acesta e rolul ei biologic. Atracţia nu duce automat la o relaţie de iubire (lovers) între două persoane. Însă este o condiţie absolut necesară dacă îţi doreşti o relaţie pe termen lung cu o femeie, spre exemplu o căsnicie fericită.

Pentru o relaţie, pe lângă Atracţie ai nevoie şi de conexiune care implică şi planul mental şi spiritual însă despre asta o să vorbim mai târziu. Acum am vrut doar să subliniez că atracţia nu înseamnă relaţie ci singurul lucru pe care îl implică este dorinţa de a te apropia fizic de o persoană.

Hai să vedem acum, ce găseşte o femeie, atrăgător la un bărbat.

Am spus că jocul atracţiei cuprinde două variabile. Capacitatea de reproducere şi capacitatea de supravieţuire.

Dacă bărbaţii se uită (inconştient) la capacitatea de reproducere a unei femei, femeile pe de altă parte caută (tot inconştient) semnale referitoare la capacitatea de supravieţuire a bărbatului.

Ideea e simplă. Femeia face copilul, iar bărbatul le oferă protecţie şi îl creşte până când acesta este în stare să se ferească singur de pericole. Sau pe altă limbă, bărbatul ucide ursul, femeia îl găteşte.

De aici rezultă o calitate pe care femeile o caută la bărbaţi. Capacitatea de protecţie. Cu cât un bărbat este perceput mai puternic cu atât este mai capabil de a oferi protecţie. Femeile resimt nevoia de protecţie, iar un bărbat care poate să doboare ursul e extrem de atrăgător din punctul ăsta de vedere.

Continuând pe această idee de supravieţuire care constituie criteriul numărul unu pentru care femeile sunt atrase de bărbaţi, hai să mai adăugăm şi alte elemente care îl fac pe bărbat atrăgător:

➢ Puterea sub toate formele pe care le îmbracă (financiară, fizică, socială-lidership)
➢ Dominanţa
➢ Sexualitatea
➢ Încrederea
➢ Umorul

> ➤ Proactivitatea

Femeile aleg un bărbat "rău" în locul unui romantic, pentru că el omoară ursul. Inconştient acestea percep că el nu se teme să o penetreze.

Dacă te uiţi cu atenţie la lista de mai sus o să observi că în afară de prima, restul depind strict de tine. Pentru că depind strict de tine, poţi să-ţi antrenezi rapid aceste calităţi. Iar atunci când vei începe să le antrenezi, vei deveni mai atrăgător în interacţiunile tale cu femeile pe care le întâlneşti.

Există o formulă a succesului

Da, există o formulă a succesului. Şi este extrem de simplă. Practic este mai mult o hartă mentală care te ajută pe tine să interpretezi mai uşor interacţiunile dintre un bărbat şi o femeie astfel încât să îţi dai seama unde eşti şi dacă lucrurile merg în direcţia pe care ţi-o doreşti.

Înainte de a-ţi da efectiv formula să vorbim mai întâi despre sex. Am spus mai devreme că succesul tău ca bărbat în relaţia cu o femeie, depinde de puterea ta de a penetra lumea unei femei. În cele din urmă o vei penetra şi fizic şi depinde foarte mult cât de confortabil te simţi cu aceasta.

Dacă ai tot felul de sentimente de vinovăţie la adresa sexului şi crezi că e un lucru rău să îţi doreşti aşa ceva, pentru că femeile nu sunt interesate de sex, îţi recomand să laşi în urmă toate aceste convingeri.

Şi femeile îşi doresc SEX la fel de mult ca şi bărbaţii poate chiar şi mai mult. Dacă am lua în calcul că ele au mai multe terminaţii nervoase în zonele erogene decât noi bărbaţii şi faptul că pot experimenta mai multe tipuri de orgasme, putem să tragem concluzia că îşi doresc să facă sex mai mult decât noi.

Vreau doar să-ţi spun că nu are rost să te simţi vinovat că eşti o persoană sexuală şi că te gândeşti la sex atunci când vezi o femeie provocatoare.

Sexul înseamnă viaţă şi este unul dintre cele mai frumoase lucruri pe care un bărbat le poate oferi unei femei. Iar pentru a o penetra complet, fără vinovăţie, este necesar să înţelegi că este un dar pe care numai tu ca bărbat îl poţi oferi.

Ideea pe care vreau să o reţii este că femeile îşi doresc să facă sex la fel de mult precum bărbaţii. Chiar dacă nu vorbesc despre asta la fel de deschis precum bărbaţii, este pentru că societatea le condamnă şi le face să se simtă vinovate dacă ar recunoaşte aşa ceva. De aceea de cele mai multe ori o femeie va afişa un aer de fată cuminte.

Nu te lăsa indus în eroare. Este doar de suprafaţă şi doar pentru a-şi păstra reputaţia şi a ţine departe bărbaţii pe care nu-i doreşte. Nu e ca şi când ar putea striga în gura mare: "Da, vreau SEX, cât mai repede şi cât mai mult".

Trăim într-o lume cu standarde inegale: dacă un bărbat se culcă cu zece femei, este aplaudat, chiar vrei să înveţi de la el cum să faci şi tu asta. Dacă o femeie se culcă cu zece bărbaţi, atunci este judecată de societate, ba mai mult este judecată de prietena ei cea mai bună chiar.

Drept urmare nu te aştepta ca o femeie să răspundă din prima favorabil, avansurilor tale. Nici tu nu te descuraja, ea vrea doar să te testeze să vadă dacă eşti serios să mergi până la capăt sau o zici doar aşa să testezi apa cu degetul.

Perseverenţa este o calitate apreciată la un bărbat. Arată că poate să urmărească un vis.

Ţi-am vorbit atâta despre Sex pentru că o relaţie începe practic în momentul în care doi oameni fac sex. Până atunci poţi să o numeşti cum vrei tu, însă nu este o relaţie.

Citeşti această carte pentru că îţi doreşti mai mult decât o relaţie platonică. Până în momentul când faci sex cu o femeie, nu ai nimic. Poate doar o relaţie de amiciţie, însă nu despre asta vrei să citeşti în această carte.

Practic totul începe cu actul Sexual. Ceea ce aţi început poate continua după acest act sau se poate încheia. Există intrebarea "cât contează sexul într-o relaţie?". O bună prietenă, mi-a răspuns: "Dacă e bun, nu contează deloc. Dacă nu e bun, contează enorm".

Cu alte cuvinte până în momentul în care nu faceţi sex, tu şi cu ea, nu vă puteţi permite luxul de a vă crea fantezii romantice despre o relaţie care să dureze o viaţă întreagă.

De aici, poţi trage următoarele idei:
- Dacă îţi place de o femeie şi o vezi ca o parteneră pe termen lung, nu îţi crea scenarii romantice de "fericiţi până la adânci bătrâneţi" decât după ce faceţi sex.

  Greşeala pe care o fac mulţi bărbaţi este că se îndrăgostesc de o iluzie, când de fapt nu există nimic concret.
- Dacă o femeie nu e dispusă să se culce cu tine, degeaba te gândeşti la o relaţie cu ea. Asta nu face din actul sexual, scopul tău numărul unu, însă e o condiţie esenţială.

Aşadar sexul fiind un reper de bază, avem următoarele două formule:

$$A + C + S = SEX$$

Unde   A=Atracţie,   C=Conexiune,   S=Senzualitate (prin cuvinte şi atingeri)
şi...

SEX + Valori Comune + Viziune Comună = Relaţii extraordinare

Practic e o singură formulă pe care am împărțit-o în două în funcție de SEX:

A + C + S + SEX + Valori Comune + Viziune Comună = Relații extraordinare

Ca bărbat poți să îți dorești doar sex, sau poți să îți dorești o relație.

Ceea ce vreau să-ți spun din propria experiență este că în călătoria ta personală vei găsi multe femei cu care să vrei să ai SEX și foarte puține cu care să vrei să ai relații. Iar din acele cu care vei vrea să ai relații, vor fi doar câteva pe care o să vrei să le iubești cu adevărat în contextul unei relații pe termen lung.

Indiferent care sunt dorințele tale, ai puterea (și plăcerea) de a trece prin actul sexual.

A + C + S = SEX

Filmul este în felul următor: Pentru ca o femeie să își dorească să facă sex cu tine, are nevoie să simtă o dorință irezistibilă față de tine, să aibă încredere în tine ca persoană, să se simtă în siguranță alături de tine, iar tu ca bărbat să o atingi senzual și să îi faci diverse propuneri.

O să vorbim despre fiecare dintre elemente separat (atracție, confort, senzualitate) însă să ne mai jucăm puțin cu formula.

Avem patru situații posibile despre care mai vreau să îți vorbesc.

1. A – C – S = Amânare

În cazul acesta, ai doar atracţie. Să presupunem că tipa e doar atrasă de tine. Să presupunem că te-a cunoscut la o petrecere în cercul ei de prieteni. Dacă tu nu faci nici o mişcare în ideea în care să amplifici atracţia, să schimbaţi câteva idei încât să ajungeţi să vă cunoaşteţi şi mai mult, să îi faci propuneri, să o tachinezi, adică să te dai la ea, nu se va întâmpla nimic.

Îţi prezint această situaţie pentru că există multe femei în jurul tău care sunt atrase de tine, însă tu nici măcar nu le observi pentru că nu eşti obişnuit să recunoşti semnalele de atracţie.

Însă acest lucru e pe cale să se schimbe pentru tine.

2. A – C + S = Rezistenţă

Ai Atracţie şi Senzualitate însă îţi lipseşte Conexiunea. În acest scenariu, tipa e atrasă de tine, tu simţi asta şi începi să te dai la ea. Când spun "te dai la ea" mă refer la faptul că începi să îi spui fanteziile tale şi că practic lansezi invitaţii cu tentă sexuală sau care implică chestii sexuale.

În scenariul ăsta, pentru că practic tu nu ai investit timp să o cunoşti, să vezi ce calităţi are şi cum e ea ca persoană, ea începe să opună rezistenţă avansurilor tale pentru că simte că o doreşti doar pentru sex.

3. C – A – S = Să fim doar prieteni

Aici ai doar Conexiune. Este cel mai întâlnit scenariu. De regulă ca bărbaţi nu avem probleme pe partea de confort şi conexiune. Tocmai pentru că ne concentrăm prea mult pe confort şi pe a fi plăcuţi, tipa nu simte nici un pic de atracţie faţă de noi şi chiar dacă într-un târziu ne facem curaj să îi spunem ce simţim pentru ea, o să ne răspundă cu regret că "vrea să fim doar prieteni". Şi pe bună dreptate, din moment ce nu simte nici un pic de atracţie, e normal.

4. S – A – C = Libidinosul

Acum ne mutăm la o petrecere Salsa, unde un tip care a învăţat câteva mişcări vrea să facă praf femeile.

Acesta le invită pe rând la dans şi începe să le atingă senzual şi să le şoptească diverse lucruri la ureche, în timp ce le dă câte o piruetă. Iarăşi, nefiind atracţie şi nici conexiune, nu va mai primi un al doilea dans de la aceeaşi fată.

Să zicem că tipul le cunoaşte dinainte, deci este într-o relaţie de confort cu ele. Şi în cazul ăsta, lipsind cu desăvârşire atracţia, va obţine aceleaşi rezultate.

Indiferent cum o dai totul începe cu Atracţia.

Aşa că în capitolul următor vom vorbi mai pe larg despre cum poţi deveni un bărbat atrăgător.

Cum să apeşi butonul Atracţiei (Ce vor femeile vs la ce reacţionează cu adevărat)

Lucrurile pe care o femeie şi le doreşte de la un bărbat nu sunt întotdeauna aceleaşi cu cele la care ea reacţionează.

Când eram la început în jocul atracţiei, obişnuiam adesea să le întreb pe femei ce fel de bărbaţi îşi doresc şi ce calităţi caută la aceşti bărbaţi. De cele mai multe ori tipii cu care acestea se combinau erau total diferiţi faţă de tipii pe care ele mi-i descriseseră că şi-i doresc.

Eram foarte confuz în legătură cu asta însă cu timpul am început să înţeleg despre ce este vorba. Vezi tu, când o întrebi pe o femeie ce îşi doreşte ea, răspunsul pe care ţi-l dă depinde foarte mult de ceea ce a fost condiţionată să creadă că vrea.

Majoritatea femeilor îşi doresc un bărbat, înalt, frumos, care să se comporte frumos cu ea, să îi acorde atenţie, să o asculte şi să o înţeleagă şi să fie lângă ea când are nevoie. A... era să uit să ştie să o facă să se simtă specială şi să mai ştie să o facă să râdă.

Da, simţul umorului apare întotdeauna pe listă. Acestea sunt calităţile pe care ele au fost învăţate să le caute la un bărbat. Părinţii, prietenii, filmele şi telenovelele au un rol semnificativ în conturarea acestui model.

Chiar dacă prin experienţele prin care trece, o femeie ajunge să-şi dea seama ce anume o atrage la un bărbat, nu-ţi va spune niciodată întreg adevărul. Există o întreagă cenzură în ce priveşte sexualitatea şi puţine femei, vor avea curajul să-ţi spună că îşi doresc un bărbat care să le ofere orgasme multiple. Niciuna nu vrea să fie judecată şi să fie percepută ca o femeie uşuratică.

În schimb îşi doresc asta în secret şi se aşteaptă de la tine să ştii deja cum stă treaba. Ea îşi joacă rolul de fată cuminte însă de cele mai multe ori se aşteaptă ca tu să-ţi asumi rolul de lider şi să conduci interacţiunea într-un tărâm al fanteziilor interzise.

Cei mai mulţi dintre bărbaţi cred în filmul cu "ce vor femeile" şi se comportă aşa cum ele îşi doresc tocmai în ideea de a fi plăcuţi. Până şi Freud a căutat răspunsul la întrebarea "Ce îşi doresc femeile?". Problema era că a găsit o mulţime de răspunsuri la întrebarea greşită.

Întrebarea adevărata nu este "Ce îşi doresc femeile?" ci "Care sunt lucrurile la care ele reacţionează?" .

Sunt trei mari elemente care influenţează semnificativ modul în care o femeie e atrasă de tine. Acestea sunt:

1. Relaţia ta cu ceilalţi
2. Relaţia ta cu tine însuţi
3. Relaţia ta cu ea ca femeie

Toate aceste tipuri de relaţii sunt atrăgătoare şi separat, însă puterea lor de a face o femeie să fie atrasă de tine, creşte exponenţial pe măsură ce acestea se întrepătrund.

Să le luăm pe rând.

1. Relaţia ta cu ceilalţi

Bărbaţii care sunt lideri sunt mai atrăgători decât bărbaţii care sunt executanţi, care îi urmează pe ceilalţi. Bărbaţii care vorbesc bine în public sunt percepuţi a fi mai atrăgători pentru că au o masă de oameni care stau şi îi ascultă. Bărbaţii care primesc mai mult respect şi atenţie din partea celorlalţi sunt percepuţi mai atrăgători decât acei bărbaţi care preferă să rămână în umbră.

Bărbaţii care au femei în jurul lor, sunt mai doriţi de celelalte femei. Bărbaţii care sunt proactivi, care acţionează şi care nu aşteaptă să li se spună ce să facă, sunt percepuţi a fi mai atrăgători decât cei care preferă să meargă la sigur şi să nu rişte nimic. Bărbaţii care fac lucrurile să se întâmple sunt percepuţi a fi mai atrăgători decât cei cărora li se întâmplă lucruri.

Bărbaţii care oferă valoare în cercurile lor sociale, care organizează lucrurile, care creează o energie plăcută şi pozitivă în jurul lor sunt mult mai atrăgători decât cei care sunt învăţaţi doar să primească.

Şi lista poate continua însă sunt sigur că ai înţeles ideea.

Ştiu că poate părea copleşitor. Mai ales dacă nu eşti genul de bărbat sociabil care să fie în strânsă legătură cu cercul lui social. Stai liniştit. Lucrurile sunt mai simple decât par. Toate scenariile de mai sus sunt rezultate a unei singure variabile.

Această variabilă se numeşte VALOARE. Vestea cea bună este că această VALOARE stă în puterea ta.

În relaţiile interumane, în acţiunile pe care le facem, fiecare dintre noi ne urmărim propriul interes. Chiar dacă tu ca bărbat vrei să salvezi planeta, acesta este propriul tău interes. În măsura în care eu, Silviu Iulian îţi dau o idee sau pun umărul alături de tine pentru a-ţi realiza interesul tău de a salva planeta, tu mă apreciezi ca om şi devin deodată un om valoros pentru tine.

Un alt exemplu.

Dacă există anumite persoane într-un anume oraş, care vor să înveţe să vorbească mai bine în public şi eu înfiinţez un club de public speaking şi găsesc un loc unde să-şi exerseze şi antreneze aceste abilităţi, atunci eu devin pentru ei, un om de valoare.

Dacă tu vrei să ai relaţii extraordinare cu femeile, vrei să scapi de singurătate şi să găseşti o femeie pe care să o iubeşti cu adevărat şi eu îţi arăt cum să faci asta, atunci eu devin un om valoros pentru tine. Dacă colega ta de servici are o zi proastă şi tu îi spui câteva cuvinte prin care îi schimbi perspectiva asupra situaţiei şi îi schimbi în bine starea emoţională, tu devii o persoană valoroasă pentru ea.

Pot continua cu exemplele la nesfârşit.

Ideea e simplă. Poţi deveni un bărbat valoros în trei moduri:

> Îi ajuţi pe oameni să obţină lucrurile pe care ei şi le-au propus, visurile pe care şi le doresc, etc. De aceea bărbaţii cu bani sau vedetele sunt percepuţi a fi atrăgători, pentru că în contextul unei relaţii cu aceşti bărbaţi, femeile consideră că pot obţine mai multe din lucrurile pe care şi le doresc, o viaţă mai frumoasă, etc. Însă funcţionează la fel de bine şi altfel. Nu trebuie neapărat să faci tu acele lucruri pe care femeile şi le doresc pentru ele (şi nici nu recomand decât după SEX în contextul unei relaţii poate) ci poţi să le arăţi cum să facă ele acel lucru sau să creezi contextul în care să se întâmple. Dacă eu vreau să învăţ să schiez poţi să mă înveţi tu sau să îmi recomanzi pe cineva de încredere. În ambele cazuri ai devenit o persoană valoroasă pentru mine.

> Îi faci pe oameni să se simtă bine cu ei înşişi şi să-şi recapete încrederea în forţele proprii. Poţi să o faci prin complimente. Practic tu devii o forţă a gândirii pozitive şi îi înveţi şi pe ceilalţi să vadă partea pozitivă a paharului şi atunci eşti un om valoros pentru ei. Şi pentru ele.

> Al treilea mod este cel mai simplu. Practic tu nu mai faci nimic în această variantă pentru că cei pentru care eşti deja un om valoros, le povestesc şi altora despre tine. Principiul recomandărilor sau al dovezii sociale. Dacă prietenii mei spun despre tine ca eşti extraordinar, înseamnă că eşti. Dacă prietenii mei îmi recomandă o carte, ca fiind extraordinară, înseamnă că aşa este, altfel nu mi-ar fi recomandat-o.

Ce poţi face tu acum ?

Primul pas şi cel mai simplu este să devii flacăra. Asta cu flacăra îi aparţine lui Casanova. El spunea: "Fii flacăra!". Învaţă să îi aprinzi pe cei din jurul tău cu energia ta pozitivă. Oamenii au nevoie să fie încurajaţi, să simtă că există persoane care cred în ei. În cadrul taberei de la mare avem ceea ce se numeşte Ziua Complimentelor când practic te provoci pe tine ca la fiecare persoană cu care intri în contact, indiferent că e bărbat sau femeie, să observi ce are special, ce are pozitiv sau interesant şi să îi împărtăşeşti persoanei respective.

Succesul tău ca bărbat în relaţia cu femeile şi cu fraţii tăi bărbaţi depinde de următoarea axiomă: Poţi să adaugi valoare sau să iei valoare, într-o interacţiune.

Iar valoarea aşa cum ţi-am amintit mai sus depinde strict de interesul personal al interlocutorului. Aşa că un alt prim pas şi o provocare pentru tine este **să înveţi să asculţi cu atenţie**, dincolo de cuvinte, ceea ce persoanei respective i-ar plăcea cu adevărat să primească din partea ta.

Dacă iei o singură idee din această carte să fie aceasta:

Poţi să schimbi relaţia pe care o ai cu ceilalţi dacă înveţi să asculţi cu adevărat ceea ce oamenii îşi doresc să primească. Şi de cele mai multe ori această nouă ascultare se referă să priveşti dincolo de cuvinte, adică să fii atent mai mult la ce face persoana respectivă decât la ce spune.

Sunt sigur că în urma acestor câteva rânduri ţi-am dat puţin de gândit. Puterea, ca în cele mai multe dintre provocările de dezvoltare persoanală, este la tine. Dacă ţi-e un pic greu să asculţi cu adevărat şi să vezi dincolo de cuvinte şi ţi-e şi mai greu să oferi complimente autentice, atunci fă un pas înapoi şi priveşte următoarul tip de relaţie, pentru că acesta constituie cheia la a învăţa să oferi valoare bărbaţilor şi femeilor din cercul tău social şi nu numai.

2. Relaţia cu tine însuţi

Ideea şi aici, ca multe din această carte, e extrem de simplă. Dacă tu te iubeşti pe tine, atunci te vor iubi şi alţii. E vorba tot de energia prin care relaţionezi cu ceilalţi şi aceasta vine tot din calitatea relaţiei pe care o ai cu tine.

Oamenii pozitivi şi încrezători atrag ca un magnet alţi oameni. Dacă eşti mai negativist de fel, oamenii vor simţi inconştient că ceva este în neregulă şi vor evita să interacţioneze cu tine.

Ca oameni facem două lucruri în viață: Căutăm plăcerea și evităm durerea. Care dintre cele două ești tu?

Cum vorbești tu cu tine, se manifestă în interacțiunile cu ceilalți. E o plăcere să vorbești cu tine, te simți mai bine după aceea, te simți inspirat și entuziast să pornești către cele mai îndrăznețe visuri sau din contră te simți epuizat, confuz, negativ?

Bărbații care au o relație bună cu ei înșiși sunt extrem de atrăgători.

Daniel Goleman, părintele inteligenței emoționale descrie în cartea lui Inteligența Emoțională, ceea ce el numește **neuronii oglindă.** Acești neuroni se află în fiecare dintre noi și sunt ca niște receptoare care acaparează și redau emoții pe frecvența pe care o emite celălalt.

Ai văzut că și tu de cele mai multe ori îți dai seama cum se simte o persoană, fără să fie nevoie nici măcar să o întrebi. Chiar dacă spune că face bine, tu simți că ceva e în neregulă.

Ei bine, în interacțiunile tale cu femeile pe care vrei să le cunoști, acestea simt, chiar de zece ori mai puternic decât bărbații, dacă tu ești complet aliniat cu ceea ce spui.

Spre exemplu dacă tu te duci la o tipă și îi spui că îți place de ea însă în interior te întrebi oare ce va gândi despre tine și care va fi reacția ei, te va refuza sau te va accepta, neuronii ei oglindă percep frica pe care o ai în interior și nu va fi o interacțiune la fel ca una în care neuronii ei oglindă percep încrederea.

Ideea e că emoția pe care vrei tu ca ea să o simtă, trebuie să o simți tu mai întâi.

De aceea, în cadrul programelor de training TheRealMan, focusul nostru principal este pe tine și pe jocul tău interior. Un bărbat care a învățat să aibă o super relație cu el, care are jocul interior rezolvat, va câștiga întotdeauna în fața unuia care se focusează strict pe tehnici și replici de agățat.

Bun. Ți-am expus de ce e importantă relația cu tine însuți și cum contribuie aceasta la calitatea și succesul relațiilor cu femeile pe care le întâlnești.

Hai să vedem prin ce se manifestă Relația cu tine însuți.

➢ Relația cu corpul tău
➢ Modul în care te îmbraci
➢ Obiceiurile tale alimentare (mai ales dacă ai peste 30 de ani)
➢ Forța cu care îți urmărești propriile visuri
➢ Cât de selectiv ești cu cei care vor să intre în viața ta
➢ Modul cum vorbești cu tine și despre tine

Relația cu corpul tău

Un bărbat care se respectă pe el, are grijă de corpul lui. Condiția ta fizică poate să atragă sau să respingă o femeie. Nu spun acum că trebuie să fii pătrățele și că trebuie să te duci la sală și să începi să rupi fiarele în două.

Nu te duci la sală pentru că vrei să atragi femei. Așa nu funcționează. Spun doar să te duci la sală pentru că te respecți tu pe tine ca bărbat.

Condiția ta fizică determină nivelul tău de testosteron, iar acesta determină la rândul lui cât de bărbat ești într-o relație cu o femeie. Energia ta masculină depinde în mare măsură și de cantitatea de testosteron pe care o produce corpul tău.

Condiția fizică te ajută să ai parte de partide de sex reușite și să-ți satisfaci femeia de mai multe ori și pe termen lung. Și pofta de sex e în strânsă legătură cu condiția ta fizică.

Totodată vreau să-ți amintesc că prin fiecare zi ce trece, îmbătrânești puțin câte puțin. Performanțele tale sexuale nu vor fi aceleași la 37 de ani cum sunt cele de la 25 de ani. Prin condiție fizică practic amâni câte un pic procesul de îmbătrânire și rămâi viril o perioadă mai bună de timp.

În aceeași măsură o condiție fizică bună, e un indicator al sănătății. Cum tu vrei o femeie sănătoasă la fel își dorește și ea. Nu poți să mănânci burgeri și să bei cola toată ziua și să te aștepți să ai o femeie de nota 10 lângă tine. E foarte posibil să o atragi, să o bagi în pat însă pe termen lung nu va rezista lângă tine.

Așadar mișcarea e sfântă. Dacă nu o practici frecvent, niciodată nu e prea târziu să te apuci. Dacă faci sport frecvent, felicitări, ține-o tot așa. (Trimite-mi un mail pentru că vreau să te cunosc ☺)

Modul în care te îmbraci

Poate că ai auzit că nu contează așa mult cum te îmbraci dacă vrei să atragi o femeie. E adevărat. Pe perioada taberelor am demonstrat de multe ori că nu contează cum ești îmbrăcat atâta vreme cât manifești o energie pozitivă și aduci valoare în cercul tău social.

Însă, stilul tău vestimentar este o variabilă care se află sub controlul tău. Asta înseamnă că e una dintre cele mai rapide schimbări pe care le poți face la tine și cu impact semnificativ. De ce recomand să-ți construiești un stil personal?

Cum tu ca bărbat te simţi mai excitat sau mai atras de o femeie în funcţie de cum se îmbracă, acelaşi efect îl poţi manifesta şi tu asupra ei prin câteva schimbări în vestimentaţia ta.

Modul în care te îmbraci spune multe despre tine. Hainele pe care le porţi îi spun unei femei una din aceste două lucruri: dacă ai parte de femei în viaţa ta sau nu ai parte de femei în viaţa ta.

De aceea, atunci când vine vorba de a-şi alege hainele pe care să le poarte, eu le spun bărbaţilor să aleagă în funcţie de răspunsul la întrebarea:

"Cu chestia asta pe mine, arăt ca un tip care este activ sexual? Da sau nu?"

Sau "Cu hainele astea pe mine, arăt ca un tip care ştie ce vrea de la viaţă, care e în stare să penetreze lumea unei femei sau arăt de parcă m-ar fi îmbrăcat maică-mea ?".

Ideea e că aş putea scrie o carte întreagă despre fashion şi tot nu aş epuiza domeniul. Sfatul meu este să ieşi din zona gri. Adică să porţi haine care îţi scot în evidenţă masculinitatea şi care te avantajează şi care spun o poveste frumoasă despre tine.

Ieşi pe stradă şi uită-te în jurul tău. Cei mai mulţi sunt în zona gri. Nuanţe de negru, gri, crem, maroniu.

Tu poţi fii mai îndrăzneţ.

Aici vestea bună este că ai o grămadă de soluţii la îndemână. Poţi căuta pe google, prin reviste online de fashion pentru bărbaţi, te poţi plimba prin magazine şi să probezi ce ţi se potriveşte. Ideea e să ieşi din mulţime şi să arăţi ca un tip căruia i se întâmplă ceva în viaţă. Culori mai vii, un accesoriu interesant, sunt lucruri care stau în puterea ta.

Aşa cum am spus este cel mai rapid lucru pe care îl poţi face. Chiar de mâine îţi poţi redefini într-un mod atrăgător stilul vestimentar. Nu te teme să încerci ceva nou.

La noi în România, o treabă bună în domeniu de fashion face prietenul meu Nagy de la www.stilmasculin.ro. Este consultant de fashion pentru bărbaţi şi te poate ajuta să-ţi construieşti rapid un stil care ţi se potriveşte (găseşti mai multe sfaturi practice şi pe site-ul lui).

Obiceiurile tale alimentare

Şi modul în care mănânci reflectă relaţia pe care o ai cu tine. Referitor la mâncare, adopţi o gândire pe termen scurt sau pe termen lung? Cedezi ispitei gustului şi satisfacţiei de moment sau te gândeşti să alegi numai acele alimente care îţi oferă energie şi te susţin în activităţile tale fizice, inclusiv cele sexuale?

Nici aici nu am de gând să-ţi spun prea multe. Există o grămadă de informaţii pe net despre cum să mănânci sănătos.

Vreau doar să-ţi aduc în atenţie două argumente pentru a alege să mănânci sănătos. Primul se referă la faptul că o faci pentru tine. Gândeşte-te că sănătatea egal Sex. Mult Sex. Ştiu că sexul e un puternic factor de motivaţie. ☺

Un alt aspect este că atunci când o femeie te vede că mănânci sănătos şi că alegi cu grijă alimentele, automat ea va aprecia acest lucru la tine şi va înţelege că şi ea va face acelaşi lucru când va fi cu tine. Gândeşte-te că o inviţi la tine la o cină romantică. Una e când îi găteşti cartofi prăjiţi cu ou şi alta e când îi faci o salată cu fructe de mare.

Forţa cu care îţi urmăreşti propriile visuri

Această forţă dezvăluie relaţia pe care o ai cu tine în felul următor: un bărbat care are o relaţie bună cu el şi are încredere în forţele proprii va urmări cu entuziasm să-şi realizeze cât mai multe din visurile propuse.

Eu am observat că atunci când le vorbesc femeilor despre ceea ce am de gând să fac eu, în primul rând mă entuziasmez şi le transmit şi lor această energie.

Un bărbat cu direcţie în viaţă este un bărbat atrăgător. O femeie se va plictisi repede de un bărbat bogat dar confuz în ce priveşte evoluţia lui şi va alege întotdeauna un bărbat care nu are aşa multe resurse financiare dar care navighează hotărât, cu direcţie spre realizarea visurilor lui.

E vorba de viziunea personală. Oamenii caută în mod inconştient o viziune pe care să o urmeze. Fii tu bărbatul cu viziune şi femeile te vor urma.

Cât de selectiv eşti cu cei care vor să intre în viaţa ta

Aici e vorba de graniţele tale personale. Ştii să spui STOP când te deranjează ceva anume sau când cineva nu te tratează cu respect?

Poţi să spui NU celor care intră frecvent în viaţa ta şi profită de tine sau de serviciile tale?

Te pui pe tine pe primul loc sau eşti obişnuit să le faci altora pe plac?

Dacă te întrebi ce legătură au aceste întrebări cu Atracţia să ştii că e vorba de Leadership. Un lider ştie ce vrea şi ştie şi ce nu vrea. Un lider ştie cu cine îşi doreşte să lucreze şi cu cine nu îşi doreşte să lucreze.

Femeile te vor testa să vadă dacă ai graniţe sănătoase. Femeile îşi doresc un bărbat ferm înainte de toate. Te vor testa emoţional pentru a vedea cât de centrat eşti în energia ta masculină. Dacă nu ai curajul să le spui STOP, or să înţeleagă că accepţi orice prostie din partea lor numai pentru a fi plăcut şi a beneficia de atenţia lor. Când astea se vor întâmpla, atracţia va scădea instantaneu.

Un bărbat care omoară ursul, ştie să îi spună STOP şi unei femei. Ştie să îi spună ce vrea şi ce nu vrea. Ştie să îi spună ce îi place şi ce nu îi place.

Hei, aici vreau doar să subliniez că tu ca bărbat trebuie să ai nişte valori clare şi nişte criterii în viaţă. După aceste valori şi criterii alegi cu cine să îţi petreci timpul. De aceea exerciţiul cu "ce fel de femeie îmi doresc e esenţial" – îl găseşti la pagina 83.

Un bărbat cu uşile deschise pentru toată lumea nu este un bărbat atrăgător. Însă un bărbat cu graniţe clare este foarte atrăgător pentru că el are o identitate conturată.

Modul cum vorbeşti cu tine şi despre tine

E clar că modul cum vorbeşti cu tine se reflectă şi în modul în care vorbeşti cu ceilalţi. Vrei să vorbeşti atrăgător cu femeile? Vorbeşte atrăgător cu tine mai întâi. Ascultă-ţi vocea interioară. Te încurajezi sau te pui la pământ. Crezi sau nu crezi că vei reuşi?

Dacă nu ai făcut exerciţiile din prima parte a acestei cărţi, acum e momentul să le abordezi direct. A crede este o simplă decizie. În momentul în care alegi să crezi, o să observi în jurul tău tot felul de argumente care să te facă să crezi şi mai mult şi care o să-ţi susţină decizia iniţială.

La fel se întâmplă şi cu decizia de "a nu crede că vei reuşi".

Totul depinde de tine. Decizia îţi aparţine în totalitate şi am încredere că o vei lua pe cea mai bună pentru tine.

3. Relaţia ta cu ea ca femeie

Aici e aici. Dacă fiecare dintre noi cunoaşte bărbaţi care sunt într-o relaţie bună cu ceilalţi şi/sau într-o relaţie bună cu ei înşuşi, bărbaţi care sunt într-o relaţie corectă cu femeile, sunt din ce în ce mai puţini. Relaţia ta cu femeile reprezintă practic lucrarea ta de licenţă şi când spun relaţie corectă, mă refer la faptul că există polaritate.

Sunt o mulţime de bărbaţi care arată bine, care câştigă bine şi care au grijă de ei. Sunt acei bărbaţi la care aparent visează orice femeie. Însă când vine vorba de a interacţiona cu acestea şi a le face avansuri, aceştia se fâstâcesc la fel ca un virgin de 16 ani.

Ce vreau să spun este că relaţia ta cu femeile determină succesul pe care îl ai cu acestea atât pe termen scurt cât şi pe termen lung. Poţi să ai bani, maşină, să fii făt-frumos, le vei face pe femei curioase să te cunoască, însă dacă nu ştii să creezi atracţie şi să menţii o femeie interesată, nu vei ajunge prea departe cu ea.

Vestea bună pentru cei care nu au moştenit milioane în bănci sau nu arată precum Brad Pitt, este că dacă învaţă să relaţioneze atrăgător cu femeile atunci nu vor rămâne niciodată singuri şi vor avea mereu femei frumoase în jurul lor.

Vreau doar să te fac conştient că dacă înveţi să comunici atrăgător, sunt şanse mari ca femeile să te aleagă pe tine în locul unui tip care arată bine însă nu ştie să provoace scântei în mintea unei femei. Aşadar, de fiecare dată când te auzi spunându-ţi ţie că nu ai suficienţi bani sau când te compari cu alţi bărbaţi că nu eşti la fel de bine îmbrăcat, întreabă-te dacă prin personalitatea ta poţi să comunici atrăgător cu femeia din faţa ta şi dacă tu ca bărbat ai o relaţie corectă cu femeile.

Ce înseamnă să ai o relaţie corectă cu femeile?
Înseamnă să fii bărbat. Asta ştiai deja.

Să accepţi că ai o putere extraordinară şi să fii mândru de asta. Referitor la a fi în relaţia corectă cu femeile, uite cele mai importante şapte repere de care poţi să ţii cont în interacţiunile tale:

1. Să fii în relaţia corectă cu femeile înseamnă să-ţi asumi rolul de lider şi să iniţiezi interacţiunea.

Dacă tu nu iniţiezi interacţiunea, puţin probabil să o facă ea. Abordarea, invitaţia de a vă cunoaşte, este un privilegiu care aparţine în cea mai mare parte bărbaţilor. E ca o invitaţie la dans. Dacă eşti într-un club cu prietenii şi aştepţi toată seara ca tu ca bărbat să fii invitat la dans de către o femeie, e posibil să aştepţi mult şi bine.

Pe de altă parte, ai puterea de a invita la dans câte femei doreşti. Dacă stai şi aştepţi cel mai probabil e să nu se întâmple nimic însă dacă acţionezi cu siguranţă lucruri bune se vor întâmpla pentru tine.

Cea mai mare realizare a mea a fost atunci când am înţeles că eu ca bărbat am o putere de a alege, mai mare decât o femeie. Eu pot să aleg ce femei vreau să cunosc, pot să merg să o abordez pe femeia de care îmi place. Cu alte cuvinte, ca bărbat, ai puterea să "joci jocul atracţiei" doar cu femeile care îţi plac. Practic tu alegi cu ce femei să interacţionezi.

O femeie nu are acest privilegiu. O femeie este abordată de zeci de bărbaţi până să întâlnească un bărbat care să-i placă şi cu care să vrea să stea mai mult de vorbă. O femeie nu poate să aleagă decât bărbaţii care au ales-o pe ea mai întâi.

Chiar dacă îi place de tine însă tu nu dai nici un semn de interes, sunt slabe şanse să vină ea să te abordeze. De aceea spun că puterea de a face lucrurile să se întâmple îţi aparţine în totalitate.

Nu aştepta momentul potrivit pentru a interacţiona cu o femeie pe care o găseşti atrăgătoare. În timp ce o femeie e nevoită să aştepte, tu ca bărbat ai puterea de a face lucrurile să se întâmple.

2. Să fii în relaţia corectă cu femeile înseamnă să-i propui scenarii la care ea se gândeşte în secret însă nu are curajul să le recunoască.

Leadership. Despre asta e vorba. Tu ca bărbat ai puterea de a conduce interacţiunea. Îmi spunea o prietenă că preludiul începe din momentul în care schimbaţi primele cuvinte. Dacă tu conduci interacţiunea şi îţi asumi direcţia în care evoluează lucrurile transmiţi că eşti genul de bărbat care nu se teme să o penetreze.

Nu îi pasă responsabilitatea femeii. Cei mai mulţi dintre bărbaţi vor să fie băieţi buni şi le lasă pe femei să aleagă. A-i spune ce vrei să obţii sau unde vrei tu să mergi mai întâi ca apoi să o întrebi cum i se pare şi ei e total diferit faţă de situaţia când nu îi spui ce vrei să obţii şi o întrebi direct pe ea ce vrea, ca apoi tu să decizi în funcţie de răspunsul ei.

Mai citeşte încă o dată ultima propoziţie. E vorba de responsabilitate.

Dacă vrei ca ea să danseze liber pe lângă tine şi să faceţi cele mai nebune lucruri împreună, asumă-ţi responsabilitatea şi trasează direcţia.

Spune-i că vrei să o duci la mare. Apoi poţi să o întrebi cum i se pare. Spune-i că vrei să o închizi la tine în dormitor pentru o săptămână. Nu o mai întreba cum i se pare. Spune-i că ai o mie de fantezii cu ea şi în toate ea geme de plăcere la atingerea ta. Spune-i că vrei să o legi la ochi, să o întinzi pe pat şi să torni o sticlă de şampanie peste ea. Spune-i ce vrei să faceţi împreună şi fă-o. Nu mai aştepta aprobarea.

La propunerile pe care le faci vei obţine unul din cele trei răspunsuri (sunt mai degrabă reacţii, pentru că practic tu nu ceri aprobarea verbală ci eşti atent la cum reacţionează ea la propunerile tale).

Dacă reacţia ei spune DA, atunci dă-i înainte, faci bine ce faci. Dacă nu îţi spune nimic, nici verbal nici nonverbal, continuă ce faci, că e bine. Dacă nu te opreşte mergi înainte. Dacă îţi spune "nu ştiu" dă-i înainte până obţii un da sau nu.

Dacă obţii un "nu" sunt două variante. Ţi-am spus: cheia se află în răspunsul ei emoţional. O femeie poate să-ţi spună "nu" verbal însă de fapt să-şi dorească altceva. Face asta pentru a nu se simţi vinovată. Pe de altă parte o femeie îţi spune "nu" şi pentru a vedea cât eşti de hotărât sau cât eşti de afectat de răspunsul ei. Vrea să vadă cât eşti de bărbat, dacă eşti activ sau reactiv.

Să spunem că îi ceri numărul de telefon şi te refuză. Nu te împiedica de un "nu", mergi înainte. Continuă interacţiunea şi mai cere-i numărul încă o dată după câteva minute. Ideea e să fii congruent şi perseverent în ceea ce faci.

O mică poveste despre leadership.

Mă sună un prieten și mă întreabă : "cum pot să fac să mă întâlnesc cu două tipe? Menționez că ele nu se cunosc. "

Cea mai neinspirată metodă este să le întrebi pe fiecare în parte, dacă le-ar plăcea să iasă la o întâlnire în trei. Când aude așa ceva, unei femei îi vin în minte tot felul de idei, însă cele mai multe sunt cauzate de neîncrederea în propria persoană. Nu știe cine este cealaltă femeie, se gândește că dacă arată mai bine ca ea, nu știe ce gânduri ai tu în legătură cu ea sau cu ele, dacă o vei alege pe cealaltă ce se va întâmpla cu ea și tot așa.

Cele mai multe femei ar spune pas unei asemenea invitații.

Modul bărbătesc de a rezolva această fantezie este efectiv ca tu să-ți asumi răspunderea și să creezi contextul întâlnirii, astfel încât să se întâmple, iar atunci când se întâmplă să fie o întâlnire extraordinară pentru fiecare dintre voi.

Gândește-te cum poți să faci această întâlnire memorabilă. E clar că la început o să le surprinzi pe amândouă atunci când or să se găsească la aceeași masă cu tine. Practic dacă le-ai chemat acolo, tu trebuie să dirijezi interacțiunea. Ele vor fi atât de surprinse încât nu vor ști cum să reacționeze și ce să facă în continuare. De aceea am spus că nu strică să te gândești puțin înainte cum vei face astfel încât să vă simțiți bine toți trei, nu doar tu când le vei vedea că sosesc amândouă.

Sunt multe scenarii posibile, ideea e că se poate și o întâlnire de genul ăsta poate fi începutul unei relații extraordinare. Imediat ce începi să îți asumi responsabilitatea sunt sigur că vei găsi zeci de soluţii în scenariile cu care te confrunţi.

Ideea de bază este că jocul atracţiei este ca un dans. Tu ca bărbat trebuie să începi prin a propune pasul astfel încât femeia să poată decide dacă te urmează sau nu.

Dacă tu nu propui nici un pas, ea nu o va face pentru tine şi nici un dans nu va exista între voi.

3. Să fii în relaţie corectă cu femeile înseamnă să îi oferi o poveste care merită împărtăşită prietenelor.

Totul are legătură cu povestea. Dacă ai citi un roman de dragoste ai înţelege despre ce e vorba. Femeilor le place să povestească. Le place să le trăiască pe propria piele şi să treacă printr-o gamă largă de emoţii.

Tu poţi fi bărbatul care îi oferă asemenea emoţii. Cel mai anost scenariu şi cea mai proastă poveste este când ea e super încrezătoare în locul tău, vine la tine şi te invită să vă cunoaşteţi. La un moment dat în timpul conversaţiei, îţi bagă mâna în păr, se apleacă către tine şi te sărută. Peste două ore veţi merge înfierbântaţi la ea acasă unde îţi va rupe hainele de pe tine, te va arunca în pat şi îţi va oferi intense plăceri sexuale.

Ce crezi că se va întâmpla a doua zi?

Ea îi va povesti prietenei celei mai bune: "...am fost aseară în club şi am văzut un tip care mi-a plăcut din prima. Nu am stat pe gânduri şi m-am dus direct la el. Ştiam că îl pot cuceri. După un pahar de vin roşu, i-am băgat mâna în păr, m-am aplecat hotărâtă către el şi l-am sărutat. După vreo două ore am simţit că e timpul să dau frâu liber fanteziilor. L-am luat de mână, l-am dus la mine acasă, i-am rupt hainele de pe el şi i-am tras-o ca şi când nu aş mai prinde ziua de mâine".

Acest scenariu în care o femeie te abordează pe tine în felul acesta este extrem de improbabil. Nu spun că nu e posibil însă celor mai multe femei le place să li se întâmple lucruri nu să facă ele să se întâmple. Cele mai multe femei vor să fie într-o poveste.

În această poveste cu care au fost crescute toate femeile, ea este frumoasă şi îşi vede de treaba ei. La un moment dat celelalte femei invidioase pe ea, o fac să muşte dintr-un măr fermecat şi cade într-un somn adânc.

În aceeaşi poveste apare prinţul care se îndrăgosteşte de ea şi care o sărută, iar în acel moment ea se trezeşte din somn şi se îndrăgosteşte de el. Apoi povestea se încheie cu ei doi trăind fericiţi până la adânci bătrâneţi.

Povestea nu spune că prinţul, i-a cerut voie să o sărute, pentru că aşa era frumos şi că aşa a fost învăţat de mama lui. Nu bărbate, el pur şi simplu a sărutat-o. S-a aplecat asupra ei şi şi-a asumat acest gest în totalitate. Nu ştiu dacă a folosit şi limba dar astea sunt detalii. În cazul în care piticii erau de faţă şi ar fi arătat cu degetul către ea, că aşa ceva nu se face, mai ales cu un bărbat pe care nu îl cunoşti, ea ar fi avut o scuză: S-a întâmplat fără voia mea. Pur şi simplu s-a întâmplat. El a făcut-o. El poartă întreaga vină pentru ceea ce s-a întâmplat astfel încât femeia nu poate fi judecată.

Să revenim la scenariul nostru. Hai să vedem ce îi povesteşti tu celui mai bun prieten al tău: "...am fost aseară în club şi la un moment dat m-a văzut o tipă care cred că m-a plăcut din prima. Era foarte hotărâtă pentru că a venit ea la mine. M-a cucerit total. După un pahar de vin roşu, mi-a băgat mâna în păr, s-a aplecat hotărâtă către mine şi m-a sărutat. După vreo două ore m-a luat de mână, m-a dus la ea acasă, mi-a rupt hainele de pe mine şi mi-a tras-o ca şi când nu aş mai prinde ziua de mâine ".

Nu ştiu tu cum te simţi când citeşti povestea de mai sus, însă eu nu mă simt chiar ok. Ceva lipseşte. În afară de faptul că am avut parte de sex, (adică o tipă mi-a tras-o, ceea ce nu sună prea bărbătesc), nu e nimic interesant în povestea de mai sus.

În afară de senzaţional, că o tipă a venit la mine şi mi-a tras-o, eu chiar nu simt nici un fel de bărbăţie sau contribuţie personală în ceea ce s-a întâmplat. Nu simt că eu am ales, simt că pur şi simplu s-a întâmplat. Poate că dacă aş fi fost femeie, mi-ar fi plăcut aşa ceva, însă ca bărbat îmi place să descopăr, îmi place să cuceresc noi teritorii, îmi place să fac ca lucrurile să se întâmple.

E ca un premiu pe care l-am primit fără să fac nimic. Şi pentru că simt că nu-l merit, că nu am muncit pentru el, nici nu am putut să mă bucur în totalitate de el.

Ideea e că povestea de mai sus nu mă face să arăt ca un bărbat care îşi asumă responsabilitatea pentru viaţa lui şi care e în control cu aceasta. În povestea de mai sus, lucrurile pur şi simplu s-au întâmplat. Cam asta e ideea. În funcţie de povestea care îţi place îţi dai seama care e rolul tău ca bărbat.

Femeilor le plac poveştile. Femeilor le place să fie în poveşti, iar puterea ta ca bărbat este să faci poveştile să se întâmple.

La tabăra pe care o organizăm în fiecare an la mare, le spunem bărbaţilor "imediat ce ai cunoscut-o, bag-o în **The Bubble of Love**". Cu cât intriga e mai mare, cu cât povestea şi relaţia voastră e mai imposibilă, cu atât de intensă este atracţia dintre voi.

Scenariul standard în care totul este perfect pentru ca voi doi să vă cunoaşteţi este plictisitor. Pentru că este previzibil. În schimb dacă sunteţi amândoi la mare, pentru doar două zile, v-aţi cunoscut la un dans pe plajă, tu eşti din Cluj, ea din Bucureşti, asta e o poveste imposibilă.

The Bubble of Love presupune să o faci conştientă de această imposibilitate şi să-i propui un scenariu ca în Romeo şi Julieta : "deşi toate lucrurile sunt împotriva noastră, eu sunt din Cluj, tu din Bucureşti şi există cea mai mare posibilitate ca noi doi să nu ne mai întâlnim niciodată în această viaţă, hai să fim nebuni şi să fim iubiţi pentru doar două zile. Să fim cei mai îndrăgostiţi iubiţi pentru doar două zile. O să ne iubim atât de intens încât în două zile, flacăra pasiunii noastre o să aprindă întreaga Vamă. În doar câteva ore, flacăra noastră va fi atât de mare încât o să ajungă la Costineşti. ☺

Chiar dacă pare imposibil, cine suntem noi să ne împotrivim destinului? În plus sunt oameni care au o viaţă la dispoziţie şi nu întâlnesc iubirea, noi avem două zile pline, înaintea noastră, 48 de ore, iar prima oră am să o petrec sărutându-te". ☺

Ideea e să vă bucuraţi de viaţă împreună, iar scenariul pe care l-am propus eu mai sus nu trebuie să fie adevărat ci e suficient să fie amuzant. O să spui că nu ai cuvintele la tine. Am mai spus şi înainte: cheia nu e în ceea ce spui ci la energia şi emoţia cu care o spui. Reţine că orice femeie vrea să fie într-o poveste de dragoste. Care este povestea ta de dragoste?

4. Să fii în relaţie corectă cu femeile înseamnă că atunci când pleci să o laşi mai bine decât atunci când ai găsit-o.

Dacă vrei să fii îndrăgit şi apreciat de oameni, învaţă să îi laşi mai bine decât atunci când i-ai găsit. Când zic să îi laşi mai bine mă refer la nivelul lor emoţional.

Poţi învăţa cum să schimbi starea emoţională a celor pe care îi întâlneşti. Poţi să îi înveţi pe oameni să capete încredere în forţele proprii şi să acţioneze în direcţia pe care şi-o doresc.

Aici vreau să subliniez următoarea idee. Cei mai mulţi dintre bărbaţi înţeleg prin "a o lăsa mai bine decât atunci când ai găsit-o", ca ei să rezolve problema cu care femeia se confruntă. Ei înţeleg că trebuie să devină salvatori pentru femei.

Nu are nici o legătură cu asta. Nu te încurajez ca tu să devii salvatorul femeilor şi să fii tot timpul disponibil atunci când acestea au nevoie de un umăr pe care să plângă.

Vorbesc de acea atitudine prin care tu îi faci pe oameni să se privească altfel să aibă încredere în ei şi să simtă că pot reuşi tot ceea ce şi-au propus oricât de neagră pare situaţia. De asta spun că majoritatea bărbaţilor intră în unul din cele două roluri în relaţia cu o femeie. Joacă ori rolul de Persecutor (Băiat rău) ori cel de Salvator (Băiat bun).

Ori că jigneşti, îţi baţi joc sau profiţi de o femeie ori că îi sari în ajutor de fiecare dată când are nevoie, înseamnă că ai lăsat-o mai rău decât atunci când ai găsit-o.

Primul exemplu e uşor de înţeles, însă de ce nu e ok atunci când îi sari în ajutor?

Dacă tu îi sari în ajutor înseamnă că încurajezi şi perpetuezi exact acel comportament care a adus-o în această situaţie. Dacă un tip a înşelat-o şi tu accepţi să fii umărul pe care plânge şi eşti acolo lângă ea două ore să-i asculţi poveştile, crezând că aşa ar proceda un bărbat adevărat, află că greşeşti.

În plus îţi pierzi timpul degeaba. Nu ai să ajungi prea departe cu tipa respectivă. Dacă ea vrea să se întâmple ceva diferit şi să nu se mai repete situaţia, încurajeaz-o să ia propriile decizii.

Discută cu ea de la egal la egal. Trateaz-o cu încredere. Nu îi rezolva tu problema. Nu fii tu salvatorul. Pune-i întrebări care să o ajute să conştientizeze ce vrea cu adevărat şi oferă-i ocazia să-şi rezolve singură problema.

Bineînţeles toată treaba asta cu a o lăsa mai bine decât atunci când ai întâlnit-o începe cu tine. Dacă vei învăţa să-ţi controlezi şi să-ţi schimbi starea de fiecare dată când te simţi copleşit, cu siguranţă că o vei putea face şi cu ceilalţi.

5. Să fii în relaţie corectă cu femeile înseamnă să te aştepţi la teste şi să nu reacţionezi atunci când le primeşti.

O femeie te va testa să vadă dacă eşti autentic. Să vadă dacă eşti făcut din material de calitate. Să vadă dacă atunci când o dezbraci poţi să mergi până la capăt. Să vadă dacă atunci când vei fi într-o relaţie cu ea, te vei împiedica de primul obstacol sau vei persevera şi vei găsi o soluţie.

Aşteaptă-te la teste şi fii pregătit pentru ele. Când o femeie te testează înseamnă că e interesată de tine. Nimeni nu loveşte un câine mort, reţine asta.

O femeie te mai testează şi să vadă dacă rămâi centrat în energia ta masculină sau dacă te laşi influenţat de ea.

Sau dacă atunci când se aude ursul afară, tu te pregăteşti de atac sau te ascunzi sub pat, înaintea ei.

Cum te testează o femeie şi modul corect de a reacţiona la teste

> **Râde de tine**

În cazul ăsta nu te justifica, explica sau scuza. Nu reacţiona. Învaţă să râzi tu de tine mai întâi ca să nu te mai afecteze.

> **Promite ceva apoi nu face**

Nu căuta explicaţii sau să înţelegi de ce. Şi tu ai promis multe lucruri şi nu te-ai ţinut de ele.

Să zicem că a anulat întâlnirea, ţi-a trimis un SMS şi a zis că nu mai vine. Nu te apuci să o întrebi de ce sau cum a putut să facă aşa ceva. Dacă tipei chiar i-a plăcut de tine şi îi pare rău, îţi va spune chiar ea despre ce e vorba. Dacă tu ai relaţionat cu ea super ok, ca un bărbat autentic atunci când ai invitat-o şi ea nu mai vine, atunci problema e la ea nu la tine.

Dacă ţi se întâmplă foarte des ca femeile să se răzgândească în ceea ce te priveşte, poate că ar fi cazul să-ţi pui câteva întrebări. Chiar dacă ăsta e cazul tău, nu are rost să te superi.

Fiecare experienţă e o lecţie din care poţi învăţa.

> **Îţi spune "nu"**

Poţi primi două tipuri de "nu". Eu am primit foarte multe "nu-uri" de la femei. Însă au fost doar "nu–uri" verbale, "nu-uri" de control cum îmi place mie să le numesc. Un "nu" adevărat este ori extrem de sincer ori foarte agresiv. Dacă aplici ceea ce ai învăţat până aici în această carte, nu-urile adevărate pe care le vei primi vor fi cele din prima categorie adică extrem de sincere şi prietenoase.

Dacă abordam o femeie şi aceasta era într-o relaţie, aceasta îmi spunea că apreciază faptul că am abordat-o însă este într-o relaţie. De multe ori îmi spunea că are o prietenă căreia i-ar plăcea să întâlnească un tip ca mine.

Acesta era un "nu" autentic şi pe măsură ce îţi dezvolţi simţul interacţiunilor sociale o să începi şi tu să le recunoşti. Însă cele mai multe nu-uri pe care le vei primi vor fi doar de formă. Recomandarea mea este să continui interacţiunea şi să mai faci încă o dată propunerea mai târziu.

Am întâlnit multe femei care nu au vrut să-mi dea numărul de telefon. Le lăsam să îmi dea facebook-ul sau mail-ul apoi le întrebam dacă au telefonul la ele. Apoi le spuneam hotărât "arată-mi-l să-l văd!", după care îl luam şi mă apelam singur şi le ziceam: "acum eşti în regulă, nu tu mi-ai dat numărul de telefon, eu mi l-am luat singur".

Sunt multe alte exemple, ideea e să nu te împiedici la un singur "nu". Reţine că modul cum reacţionezi la "nu-uri" face diferenţa între un bărbat autentic şi unul care mai are de lucrat în ce priveşte dezvoltarea lui.

> **Încearcă să preia controlul, să vadă dacă o pui pe ea pe primul loc**

Ăsta e unul din testele cu care te vei întâlni frecvent, chiar şi după ce eşti într-o relaţie cu ea.

Gândeşte-te la controlul interacţiunii ca la direcţia în care aceasta se îndreaptă. Un lucru e sigur: când o femeie deţine în totalitate controlul unei interacţiuni (când ea simte că tu o să faci tot ceea ce îţi spune ea să faci) ATRACŢIA scade instantaneu.

Tu eşti regele, tu stabileşti direcţia. Tu propui pasul de dans, mai ţii minte?

De cele mai multe ori, aceste teste le vei primi la începutul interacţiunii şi ori de câte ori tu eşti absent în relaţie, adică atunci când nu te implici când nu îţi asumi o anumită direcţie.

Ideea e simplă. O femeie va încerca de foarte puţine ori să preia controlul. Dacă asta se întâmplă des, înseamnă că tu i l-ai cedat. Femeile au o nevoie de control mai accentuată decât a bărbatului. Această nevoie se trage din nevoia de siguranţă. Femeia vrea să simtă că e în siguranţă alături de tine şi că tu ai luat acele decizii şi faci să se întâmple acele lucruri prin care să vă fie bine la amândoi.

Dacă ea te simte absent din relaţie, automat va prelua ea controlul pentru a nu pierde ceea ce are deja cu tine. Toate acestea vin cu un sacrificiu: ea îşi pierde treptat, treptat ATRACŢIA, pentru că acum nu poate să se abandoneze în totalitate în momentul prezent, să trăiască clipa şi trebuie să gândească, să planifice şi să ia decizii pentru a-i fi bine şi mâine.

Dacă ea începe să facă treaba de bărbat, ATRACŢIA moare. De aceea tu nu trebuie să o pui pe ea pe primul loc. Dacă o pui pe ea pe primul loc, înseamnă că îi cedezi şi puterea şi responsabilitatea. Poate că pe termen scurt o să te iubească însă pe termen lung o să-şi piardă atracţia faţă de tine şi nici tu şi nici ea nu o să înţelegeţi de ce.

Aşadar, pune-te pe tine pe primul loc, devin-o bărbatul de care are nevoie, trasează direcţia şi viziunea în care se îndreaptă relaţia voastră şi ai grijă să creezi şi să conduci contextul în care ceea ce v-aţi propus amândoi se va întâmpla.

6. Să fii în relaţia corectă cu femeile înseamnă să fii total detaşat de rezultat.

Cei mai mulţi bărbaţi, atunci când sunt interesaţi de o femeie, vor să o cucerească. Atenţia lor este în exterior, la femeia pe care o au în faţă. Iar în cazul acesta atenţia ta este pe ceva ce nu poţi controla.

În interacţiunea ta cu o femeie, singurul lucru pe care îl poţi controla eşti tu. Aşadar o relaţie corectă cu o femeie pe care tu vrei să o cucereşti înseamnă ca tu să fii focusat în primul rând pe tine.

Nu te gândi ce să faci ca să o cucereşti. Gândeşte-te cum să devii tu bărbatul pe care îl caută. Asta nu înseamnă să devii alt bărbat de fiecare dată când întâlneşti o femeie nouă, ci să devii atât de conştient de ceea ce te face unic ca bărbat (talente, personalitate, energie) astfel încât să fii perceput ca un bărbat care ştie ce vrea de la viaţă.

Detaşarea de rezultat înseamnă să-ţi iei focusul de pe ea şi să ţi-l muţi pe tine. Înseamnă să te întrebi: "eu ca bărbat, i-am transmis femeii că sunt atras/interesat de ea sau o las să ghicească, ştie ce îmi place şi ce nu îmi place la ea, ştie ce aşteptări am în legătură cu ea?". Dacă tu joci cu cărţile pe faţă şi ştii sigur că ţi-ai făcut temele, atunci nu ai de ce să îţi faci griji.

Ideea e că atunci când eşti cu focusul pe tine, te poţi dezvolta şi îmbunătăţi permanent.

7. Să fii în relaţia corectă cu femeile înseamnă să fii extrem de discret.

Ultimul reper dar nu cel din urmă, se referă la discreţie. Ţine-ţi gura. Nu te lăuda prietenilor ce ai făcut tu cu ea, doar pentru a le arăta acestora cât de tare eşti tu şi pentru a-ţi alimenta propriul ego.

Cu cât vei fi mai discret cu atât mai multe femei vor rămâne lângă tine.

La întâlnirile pe care le ai, nu începe să povesteşti de fostele tale prietene, ce aţi făcut împreună sau mai grav, ce defecte te enervau la ele.

Pur şi simplu spune că nu ai găsit dragostea adevărată şi că încă eşti în căutarea ei şi că tu crezi că există cineva undeva care crede în dragostea adevărată la fel ca şi tine. Vor fi momente când dacă le vei arăta femeilor că eşti discret, vei ajunge departe cu ele.

Cum să joci ca să câştigi - De la primul zâmbet până la Sex (despre atracţie, conexiune şi senzualitate)

Sunt sigur că de abia aşteptai partea asta.

Ce să-i zic? Cum să o abordez? Să o sun acum sau să mai aştept puţin? Cum să îi spun că îmi place de ea? Să-i trimit SMS şi dacă da, ce anume să-i scriu? Ce să fac la prima întâlnire? Şi multe alte întrebări de genul ăsta pot fi motivul pentru care ai cumpărat această carte.

Acestea sunt întrebări de ordin tehnic, extrem de simple dacă ţi-ai însuşit foarte bine ceea ce ţi-am spus până acum. Dacă tu devii autentic în energia ta masculină, trezeşti în tine bărbatul care are direcţie şi care ştie ce vrea de la o femeie, atunci răspunsurile la aceste întrebări vor veni de la sine.

Ce vreau să-ţi spun de la început este că nu există o formulă standard pe care să o aplici şi să obţii rezultate. Dacă ţi-aş da o formulă pe care să o aplici, te-aş văduvi de celelalte mii de scenarii şi soluţii posibile dincolo de soluţiile prezentate în această formulă.

Am scris această carte pentru că am încredere în tine ca bărbat şi cred sincer că dacă ai ajuns să o citeşti până aici, vei şti să fii suficient de creativ pentru a găsi răspuns la oricare dintre reperele cu care te confrunţi.

Ideea pe care vreau să o reţii este că există mii de posibilităţi. Asta înseamnă în primul rând că există soluţii indiferent de situaţia cu care te confrunţi. De cele mai multe ori, aceste soluţii sunt la tine. Singura formulă pe care o poţi aplica pentru a evolua ca bărbat e următoarea:

acţionezi , obţii feedback apoi acţionezi din nou până când obţii rezultatul dorit.

Am spus că nu am să-ţi dau formule.

Am să-ţi dau însă câteva repere, cele mai importante, pentru a-ţi face călătoria mai uşoară. Prin aceste repere vei şti la ce să fii atent atunci când interacţionezi cu o femeie şi ce anume să faci pentru a obţine rezultatele dorite.

Eu îţi voi pune muzica, însă paşii de dans şi stilul îl vei alege tu. Reţine că şi muzica e doar o altă variabilă pe care o poţi schimba oricând. Practic nu există limite.

Singura limită în ce priveşte succesul tău cu femeile este dată de cât de mult crezi tu că este posibil.

Ca bărbat, poţi atinge extraordinarul.

Voi lua pe rând fiecare dintre cele nouă elemente prezentate mai jos. Modelul acesta nu este liniar şi multe dintre repere se întrepătrund atunci când interacţionezi cu o femeie, însă eu le voi aborda una după alta, pentru ca tu să înţelegi mai bine despre ce este vorba.

1. Contextul	2. Captarea atenţiei	3. Atracţie
4. Indicatori de interes	5. Conexiune	6. Senzualitate
7. Propunerile	8. Prima întâlnire	9. Sex

Punctul 1. CONTEXTUL

E clar că vei întâlni femei atrăgătoare în diferite contexte. De aceea primul reper despre care vreau să discutăm este contextul. Poți să întâlnești femei pe stradă, pe plajă, în club, la o întâlnire cu prietenii, în timpul cursurilor, posibilitățile sunt nelimitate. Iar în România există abundență. Suntem înconjurați de femei frumoase la tot pasul.

Contextul te poate avantaja sau te poate dezavantaja, însă nici un context nu este imposibil. Vreau să reții asta. Singura limită este dată doar de ceea ce alegi tu să crezi că e posibil.

Eu personal am abordat femei atât pe stradă, pe timp de zi cât și noaptea, în cluburi la diferite petreceri. Fiecare context are variabilele lui însă cea mai importantă variabilă ești tu. Tu ai puterea de a crea contextul. Pentru că în fond, contextul nu este decât o percepție. După primele abordări o să vezi că ai puterea să-i schimbi percepția asupra contextului.

Cum faci asta?

Ți-am spus mai sus de "The Buble of Love". Primul lucru la care mă gândesc atunci când vreau să intru în conversație cu o femeie este cum pot să creez acel Buble of Love.

Practic, îmi pun mintea la contribuție și găsesc cum pot să fac din situația actuală în care eu abordez, o poveste interesantă în care ea vrea să fie și care să merite a fi povestită celei mai bune prietene a ei.

Această poveste o poți crea tu în mintea ei sau ea și-a creat-o deja pentru că te cunoaște dinainte. De aceea sunt practic două povești în ecuație. Cea pe care tu o oferi și cea pe care ea o are deja despre tine. Poți fii într-un context în care nu te cunoaşte şi nu te-a mai văzut până acum, ca atunci când doar ce a trecut pe lângă tine pe stradă şi tu ai abordat-o.

Practic povestea pe care tu o spui este cea care se întâmplă în momentul prezent, cum că doar ce ai văzut-o şi nu puteai să nu o saluţi pentru că ceva din privirea ei / modul ei de a-şi asorta culorile/etc ţi-a captat atenţia.

A doua variantă este când ea deja are o poveste despre tine. Poate să fie o poveste care te avantajează sau una care face lucrurile mai provocatoare.

Dacă eşti într-un club, înconjurat de femei, le dansezi pe toate şi eşti sufletul petrecerii, pozitiv, energic etc, atunci ai toate şansele ca ea să îşi dorească să se alăture acestei petreceri. În acest caz, practic, contextul te ajută.

Un alt context, ea e pasionată de sky şi tu eşti instructor de sky. Ea e pasionată de fashion şi tu eşti Cătălin Botezatu. Glumesc, dar e un context bun, să recunoaştem.

Dacă ea e pasionată de dezvoltare personală, tu eşti un tip inteligent, vorbeşti bine în public despre înmulţirea broaştelor ţestoase cu gât lung, lumea te aplaudă, e clar că şi acest context ţine cu tine.

Tu ca bărbat, trebuie să fii conştient de context.

Dacă spre exemplu, mergi în club şi stai nemişcat cu berea în braţe, în cel mai întunecat colţ al clubului şi ea te-a văzut acolo, nu e o poveste pe care să şi-o dorească.

Povestea generală ce rulează în capul unei femei e ceva de genul:

"A apărut deodată, tipul ăsta, nu ştiu de unde dar pur şi simplu m-a scos din filmul meu, s-a uitat fix la mine, mi-a spus X şi m-a invitat să Y. Apoi eu l-am întrebat Z mai mult aşa pentru că nu îmi venea să cred. Răspunsul lui m-a surprins, el nu a mai aşteptat, m-a luat de mână şi m-a dus în al nouălea cer".

Să sintetizez. În contextul în care o abordezi, ea poate să ştie ceva despre tine (ceva bun sau ceva mai puţin bun) sau să nu ştie nimic dinainte. Cele mai bune două contexte sunt cele în care nu ştie nimic şi cele în care ştie lucruri care o atrag spre tine, tu doar trebuie să faci onorurile şi să propui interacţiunea.

Al treilea context nu este imposibil ci doar diferit. Dacă ai o colegă de servici de care îţi place şi care atunci când îi împărtăşeşti sentimentele tale, te refuză ca iubit, ea nu te refuză practic pe tine. Ea refuză ceea ce ştie despre tine. Refuză povestea pe care ea şi-a creat-o în minte prin ceea ce ştie despre tine.

Soluţia la contextul ăsta este să o laşi în pace şi să investeşti în tine. Practic tu să devii alt bărbat, să evoluezi. În felul ăsta e posibil să înceapă să fie atrasă de noul bărbat care ai devenit.

Bun. Mă bucur că am lămurit treaba cu contextul. Ideea extrem de importantă pe care vreau să o reţii este că tu controlezi contextul. Un alt lucru de reţinut este că cu cât contextul este mai complicat mai imposibil cu atât povestea pe care tu o oferi este mai incitantă. Cea mai frumoasă poveste de dragoste, este o poveste imposibilă.

Am abordat în club, femei înconjurate de bărbaţi. La tabără[3] participanţii au abordat femei care făceau topless

---

[3] Tabăra de dezvoltare personală de încredere şi atracţie. Este organizată special pentru acei bărbaţi care vor să înceapă să le spună femeilor ceea ce gândesc cu adevărat despre ele. Tabăra durează şase zile şi fiecare participant îşi asumă faptul că în relaţie cu ceilalţi participanţi şi cu femeile pe care le întâlneşte va fi 100% sincer în legătura cu ceea ce gândeşte, simte şi observă. De aceea se mai numeşte şi tabăra de Atracţie Autentică.
Mai multe detalii despre tabără poţi afla accesând site-ul www.AttractionMastery.ro

sau care alergau după te miri ce sau care erau însoţite de părinţi, prieteni etc.

Am abordat şi femei logodite. Bineînţeles că nu ştiam asta ci am aflat ulterior că erau logodite, însă orice impediment de care s-ar bloca un bărbat necunoscător, tu reţine că este de fapt un avantaj care construieşte povestea.

Câţiva dintre participanţii la tabăra Attraction Mastery

Punctul 2. CAPTAREA ATENŢIEI

Orice interacţiune începe cu captarea atenţiei. Înainte să spui ceea ce vrei să-i spui asigură-te că i-ai captat atenţia. Am discutat mai devreme despre context. Modul în care poţi să captezi atenţia depinde de context. Poate să fie cu un zâmbet, contact vizual puternic, o atingere discretă pe umăr sau pur şi simplu te duci în faţa ei şi te prezinţi. Posibilităţile sunt nenumărate şi aici. Totul ţine de creativitatea ta de moment.

Idei valoroase referitoare la captarea atenţiei şi abordare:

A. Dacă abordezi noaptea pe stradă sau în club, abordează într-o zonă cât mai luminată. Nu o surprinde, apărând din senin în faţa ei. Dă-i timp să te vadă. Apropie-te de ea frontal şi dă-i timp să te vadă venind, să-ţi vadă faţa, ideal ar fi să şi zâmbeşti (nu cu gura până la urechi, ci aşa mai subtil).

B. Dacă abordezi ziua, aceeaşi regulă e valabilă. Dă-i timp să te vadă venind. Dacă vine din faţa mea, eu o las să treacă apoi alerg în faţa ei, mă întorc înspre ea astfel încât să mă opresc la o distanţă de 2 m, mă plantez bine cu greutatea pe ambele picioare, zâmbetul pe buze, şi contact vizual hotărât. În felul ăsta fii sigur că i-ai captat atenţia. Apoi îi spun ce am de spus (imediat îţi spun ce). Tendinţa ei va fi să continue să meargă. Ideea e ca tu să rămâi, ferm, pentru că doar aşa se va opri să staţi de vorbă. Aşadar în nici un caz, dacă ea continuă să meargă, tu să începi să mergi după ea. Dacă faci aşa practic ea conduce interacţiunea, nu tu.

Reţine că scopul este ca tu să o atragi pe ea în povestea ta, nu invers.

C. Fii atent la presiunea socială pe care o pui pe ea. Tu când o abordezi pe ea, practic o pui în lumina reflectoarelor. Dacă o abordezi pe stradă în timp ce se întoarce de la cumpărături, nu o să simtă presiune socială pentru că lumea trece pe lângă voi, nu stă nimeni să se uite la voi.

Dacă spre exemplu o abordezi în metrou şi ea simte că lumea se uită la ea în timp ce un bărbat a venit la ea şi îi face diverse complimente, va fi destul de reţinută în interacţiune. Ai putea spre exemplu să cobori la aceeaşi staţie cu ea şi să o abordezi atunci, când nu mai e aşa de mult în lumina reflectoarelor.

Îţi spun să fii atent la presiunea socială din două motive. Primul ar fi că unele femei sunt timide şi or să se ruşineze şi nu o să obţii prea mult de la ele, iar alte femei pur şi simplu nu vor să fie văzute ca nişte femei care cedează uşor în faţa unui bărbat necunoscut care o abordează. O femeie apreciază un bărbat discret. Dacă totuşi eşti într-o asemenea situaţie şi vrei să abordezi o poţi face şi am să îţi spun şi cum.

Am spus că tu creezi contextul. Puterea chiar e la tine. Ce poţi să faci imediat atunci când abordezi o femeie într-un context cu presiune socială, să zicem la metrou, în primul rând după ce o abordezi frontal, tu să îi schimbi poziţia fizică, adică să o întorci cu privirea astfel încât să nu îi mai perceapă pe toţi acei oameni care se uită la voi. Practic tu te pui cu spatele la perete, nu cu spatele la oameni. În felul ăsta, vederea ei este limitată doar la tine şi la peretele sau uşa metroului. Acum sunteţi doar voi doi.

Schimbarea poziţiei ei corporale este primul lucru pe care îl poţi face. Al doilea lucru este să intri total în prezenţa ta masculină şi să îi schimbi nivelul energetic astfel încât să intre în povestea ta. Dacă tu vii zâmbind spre ea, cu o energie pozitivă şi păstrezi contactul vizual, practic ea va fi influenţată de tine. Este un lucru care se învaţă prin experienţă însă după câteva interacţiuni o să vezi că devii din ce în ce mai bun la asta.

Eram în Vama Veche pe timpul taberei de atracţie. La un moment dat am avut nevoie de o toaletă. Am intrat într-un bar şi prima chelneriţă pe care am văzut-o am fixat-o cu privirea. M-a văzut şi ea, mi-am fixat privirea în ochii ei şi m-am îndreptat către ea. Nu ştiu cât a durat totul, cred au fost câteva secunde. În timp ce mă îndreptam uşor către ea, am început să zâmbesc. Am ajuns în faţa ei, nu i-am spus încă nimic. Mi-am pus mâinile pe umerii ei, cuvintele mele au fost "spune-mi te rog... unde este toaleta!" în timp ce prin nonverbal şi atitudine ii transmiteam "îmi place de tine".

Nu mi-a răspuns. Eram unul în braţele celuilalt şi mă fixa cu privirea în timp ce erau oameni în jurul nostru.

Poftim? mi-a spus ea pierdută cu mintea undeva departe.

"Toaleta, dragă... unde este ?"

Eu am continuat să zâmbesc în timp ce ea mi-a dat indicaţiile necesare.

Desigur nimic din toate acestea nu funcţionează dacă nu crezi în puterea ta de bărbat. Abordeaz-o ca şi când ar fi deja a ta. Adoptă o atitudine de învingător.

D. Dacă este ziuă şi este în grup (să zicem că mai e cu două prietene) abordează grupul, apoi, imediat după fă să fie clar pentru toată lumea de cine îţi place şi de ce ai abordat.

E. Dacă este seară şi sunt două prietene în club, va trebui să vorbeşti cu amândouă şi la fel, să spui clar că amândouă sunt ok, însă ţie îţi place de Elena. Poţi să o iei pe Elena la un dans însă dacă prietena ei rămâne singură, practic nu o să puteţi petrece mult timp împreună. De aceea trebuie să te mişti repede.

Dacă se află într-un grup indiferent că sunt numai fete sau e grup mixt, o poţi aborda direct pe ea. Ceilalţi vor forma un nou grup şi vă vor lăsa să discutaţi atâta timp cât atitudinea ei este ok. Dacă ea dă semne că e deranjată, ceilalţi vor interveni.

Fiecare context cu avantajele şi dezavantajele lui. O să vezi că pe timp de zi e mai uşor să întâlneşti femei singure. În club însă, o femeie nu vine aproape niciodată singură. Vine ori cu altă prietenă, ori cu un grup de prieteni.

Ceea ce le spun băieţilor este că deşi jocul atracţiei în club pare mai greu, este doar diferit atâta tot. Dacă pe timp de zi ai avantajul că poţi sta liniştit de vorbă cu o femeie care iese de la shopping dintr-un magazin, în club ai avantajul că poţi aborda cu uşurinţă grupuri.

Gândeşte-te că ieşi în club cu cercul tău de prieteni printre care şi femei. La un moment dat, un tip se apropie hotărât către una dintre fetele care e cu voi. Aceasta zâmbeşte şi începe să discute degajat cu el. Dacă ea se întoarce înspre el şi tu îi vezi discutând cel mai probabil o să crezi că se cunoşteau dinainte.

De aceea le spun bărbaţilor participanţi la tabere: programarea socială poate să funcţioneze împotriva ta sau în favoarea ta.

Tu când vezi că prietena ta stă de vorbă cu mine, râdem împreună şi batem palma, cel mai probabil o să ai impresia că ne cunoaştem dinainte pentru că un tip necunoscut nu ar fi avut curajul să vină într-un grup în care sunt şapte bărbaţi şi trei femei. Dacă mai vezi că prietena ta începe să îmi facă cunoştinţă cu toţi care sunt la masa voastră asta te face să-ţi dai şi mai multă dreptate la supoziţia iniţială.

Chiar dacă îţi dai seama că nu o cunoşteam dinainte, nu o să intervii între noi, pentru că tipa îmi zâmbeşte şi se simte bine cu mine. Dacă ai interveni ar fi total nepotrivit pentru tine pentru că nu ţi-am dat motivele care să justifice un asemenea comportament. Ar fi nepoliticos din partea ta să ai o asemenea reacţie... şi mama ta te-a învăţat de mic să fii un băiat politicos. ☺

Ideea e că într-o abordare de genul ăsta, eu am câteva minute, timp în care să stabilesc contactul iniţial cu tipa respectivă.

Am abordat în felul ăsta în sute de situaţii şi nu am luat bătaie (ştiu că e posibil să ai această frică). Chiar dacă se întâmpla ca tipa să fie acolo cu prietenul ei, nu avea cum să devină agresiv pentru că atitudinea mea în relaţia cu ei era super ok. În plus nu îmi ceream scuze niciodată ci îl felicitam, apoi îmi vedeam de treaba mea, urându-le distracţie plăcută.

F. Ce să-i spui

Veşnica întrebare care-i preocupă pe bărbaţi. Ok, am vorbit despre atitudine, despre context şi despre povestea pe care o creezi.

Înainte să-ţi dau cuvintele, vreau să te asiguri că îi spui ceea ce îţi doreşti, prin limbajul nonverbal, contact vizual şi energie. Îi transmiţi prin toate acestea "îmi place de tine şi vreau să te cunosc?".

Bun. Despre ce vorbeşti atunci când abordezi.

Am spus că practic creezi povestea. E o greşeală să crezi că o construieşti prin cuvinte. Cuvintele doar îi dau putere. Povestea ta începe cu limbajul nonverbal, contact vizual şi energie.

Acum că le ai pe acestea hai să vedem ce cuvinte foloseşti.

Poţi să vorbeşti despre un singur lucru. Momentul prezent. În felul ăsta te asiguri că nu rămâi niciodată în pană de idei atunci când vrei să intri în conversaţie cu o femeie atrăgătoare.

E şi normal să vorbeşti despre momentul prezent pentru că de aici începe povestea voastră. Mai concret momentul prezent poate să conţină:

➢ ceea ce gândeşti despre ea / fanteziile şi scenariile tale în legătură cu ea
➢ ceea ce ai observat la ea (un articol de vestimentaţie, modul cum face ceva)
➢ ceea ce vrei de la ea
➢ ceea ce îţi place la ea
➢ plus alte lucruri care sunt adevărate în momentul prezent, referitoare la situaţie

Atunci când vrei o replică bună, foloseşte ceea ce este adevărat în momentul prezent. Ceea ce este adevărat nu poate fi contrazis. Dacă tu ai observat o eşarfă colorată şi îi spui că te-a făcut curios acea eşarfă colorată, ea nu poate să te contrazică.

Şi nu vrei să te contrazică pentru că la începutul oricărei interacţiuni cu orice persoană, fie bărbat sau femeie, vrei să stabileşti conexiune.

Mi-aduc aminte o întâmplare. În timpul uneia dintre serile când ieşeam să socializăm, unul dintre băieţi, după mai multe abordări reuşite şi-a luat o shaworma pentru că i se făcuse foame. În timp ce el mânca liniştit, pe lângă noi trec trei tipe care îi captează atenţia, iar el îmi spune: "man, aşa mi-aş dori să mă duc la tipele astea, însă nu pot să mă duc aşa mâncând". Eu l-am bătut pe umăr şi i-am spus "ba poţi orice. Foloseşte ceea ce e adevărat!".

S-a dus glonţ la ele: "Bună fetelor, ştiu că e total nepotrivit să vorbesc cu gura plină, însă doar ce aţi trecut pe lângă mine, mi-aţi atras atenţia şi nu am vrut să ratez ocazia să vă cunosc ☺".

Această abordare a fost amuzantă pentru ele şi a funcţionat. Totodată abordări de genul ăsta sunt eficiente pentru că exprimă adevărul şi în acelaşi timp reprezintă acea intrigă pentru povestea care abia începe.

Punctul 3. ATRACŢIE

1. **Am ajuns şi la partea de atracţie.**
Primul şi primul lucru pe care poţi să-l faci indiferent dacă te cunoaşte dinainte, dacă doar ce ai întâlnit-o sau dacă intenţionezi să o întâlneşti, este să te îmbraci pentru atracţie. Deşi nu e plăcut să recunoaştem, modul cum ne îmbrăcăm poate să ne ridice sau poate să ne coboare. Investiţia în schimbarea stilului personal este cea mai rapidă pe care o poţi face când vine vorba de dezvoltarea ta ca bărbat. Am mai vorbit în această carte despre vestimentaţie, nu o să mai repet. Reţine doar că îţi recomand şi poţi să te îmbraci ca un tip care este activ sexual, care are femei în viaţa lui.

2. **La primul punct am vorbit despre context.**
O femeie poate simţi că doreşte să te cunoască datorită contextului pe care îl creezi. Aşa că fii conştient de context şi de puterea pe care o ai de a-l crea astfel încât să te ridice.

3. **Atracţia înseamnă în primul rând tensiune (nu asemănare).** Atracţia este dată de acea poveste imposibilă pe care o construieşti în mintea ei referitor la relaţia dintre voi doi.
Această poveste imposibilă presupune **tachinare, provocare şi joc**. În nici un caz nu presupune seriozitate

maximă şi efort consistent pentru a descoperi ce lucruri aveţi voi doi în comun. De fapt dacă sari peste faza de atracţie (peste faza de poveste imposibilă) şi te concentrezi pe ce aveţi voi în comun, cel mai probabil că ea nu va simţi nimic pentru tine decât o prietenie sinceră. O să îi placă de tine ca prieten însă nu te va dori niciodată ca amant. Pentru că nu există chimie, îţi va spune că "e mai bine să fiţi doar prieteni şi să nu stricaţi prietenia acum".

4. Poţi să le provoci pe femei prin declaraţii de interes. Asta înseamnă să le spui femeilor ce vrei de la ele. Nu e obligatoriu să începi aşa întotdeauna, însă atunci când limbajul tău nonverbal spune asta, poţi să amplifici efectul prin declaraţii de interes.

Spre exemplu o inviţi la dans. Ea îşi dă seama după modul în care o atingi, o priveşti şi o conduci, dacă îţi place de ea. Crede-mă pe cuvânt când îţi spun că o femeie simte de zece ori mai mult decât un bărbat. Însă doar simte, nu e sigură. Nefiind sigură nu o să rişte să investească mai mult. Faptul că tu îi spui VERBAL, vine ca o confirmare din partea ta care îi amplifică convingerile şi sentimentele în legătură cu tine. Acum simte că are dreptate în legătură cu sentimentele tale pentru ea. Acum e o chestie reciprocă şi îşi va da voie să investească mai mult în interacţiune.

Deci eram la dans cu ea. La mine majoritatea declaraţiilor de intenţie au forma: "îmi place X, vreau Y". În timp ce o privesc intens şi ea menţine contactul vizual îi spun: "îmi place cum mă priveşti, am putea să ne privim aşa ore întregi şi chiar aş vrea să fac asta cât mai curând".

O altă formă de intenţie când am abordat mai multe femei pe plajă: "păreţi nişte tipe interesante, vreau să vă cunosc".

Sau "eşti o tipă interesantă, ceva mi-a captat atenţia la tine, nu ştiu ce este exact, însă ştiu sigur că mi-ar plăcea să te cunosc".

Sau: "îmi place de tine, eşti sigură că ai peste 18 ani?", aici o şi tachinez un pic.

Sau "bună, ai nişte sâni foarte frumoşi, pot să-i ating?". Aşa am intrat în conversaţie pe plajă în Mamaia cu o tipă care făcea topless şi stătea în picioare cu mâinile întinse, bineînţeles că m-am apropiat de ea zâmbind şi stabilind contact vizual înainte să-i spun treaba cu atinsul.

Acestea sunt câteva exemple pentru partea de INTRO însă îţi recomand să foloseşti declaraţii de interes pe tot parcursul interacţiunii. Declaraţiile de interes îi arată că eşti un bărbat încrezător, curajos care nu se teme să spună ceea ce gândeşte.

Cum obişnuiesc eu să le spun femeilor: Sunt un bărbat care spune ce gândeşte nu care gândeşte ce spune!

5. Câteva cuvinte despre limbajul nonverbal.

Am spus că atunci când stai de vorbă cu o persoană, indiferent că e bărbat sau femeie, să stai cu greutatea pe ambele picioare, cu spatele drept. În felul ăsta eşti centrat în energia ta şi arăţi fermitate. Fii conştient tot timpul de postura ta. Dacă simţi că ai tendinţa să te apleci în faţă, corectează-te. Ocupă cât mai mult spaţiu, ţine picioarele la o distanţă egală cu lăţimea umerilor.

Stabileşte contactul vizual. Zâmbeşte. Mâinile la vedere nu în buzunar. Respiră ☺.

6. Câteva cuvinte despre limbajul paraverbal.

Vorbeşte tare... mai tare... şi mai tare. Fă pauze, nu te grăbi să arunci cu cuvinte. Dacă tu te auzi nu înseamnă că şi ea te aude. Mai ales dacă e gălăgie în jurul vostru.

Dacă eşti în club, nu te apleca din prima la urechea ei. Dacă vrei să interacţionezi cu ea, prima dată stabileşti contact vizual, apoi zâmbeşti, apoi păstrându-ţi zâmbetul şi poziţia îi vei spune ceva de genul "că îţi place energia locului mai ales că întâlneşti oameni de calitate".

Cuvintele nu contează aici pentru că oricum ea nu le aude. Acum nu e nevoie să vorbeşti aşa tare. Scopul tău este să audă câteva cuvinte însă cel mai important este să stabileşti conexiune la nivel de contact vizual şi zâmbet. Dacă ai stabilit această conexiune, ea văzând că tu îi spui ceva însă neauzind mai nimic, se va apleca ea către urechea ta şi îţi va cere să repeţi. Acum tu poţi să faci următoarea mişcare: în timpul scurt cât se apleacă la urechea ta, o atingi cu degetul arătător sub bărbie, în ideea de a o apropia mai mult de tine. După această mişcare, nu te grăbeşti să te apleci la urechea ei, te apleci doar până la jumătate, apoi cu degetul arătător îi faci semn să se apropie ea. E ca un dans, cu timpul vei învăţa să dansezi din ce în ce mai bine.

7. Fii atent la cine conduce interacţiunea nonverbal, verbal, etc.

Acest element este cheie. Dacă tu conduci interacţiunea şi ea te urmează, atunci e atracţie. Dacă ea conduce interacţiunea şi tu o urmezi, e posibil să nu mai fie.

Toată treaba se întâmplă la nivel subconştient. Dacă ea vrea să dansaţi şi tu te ridici imediat, dacă ea vrea să bea ceva şi tu îi iei imediat ceva de băut, ea conduce şi tu te supui. Cu alte cuvinte ea te penetrează pe tine. Nu e de mirare că atracţia dispare.

Eu nu spun să le oferi femeilor ceea ce vor. Spun că dacă vrei să fie o poveste imposibilă, cu intrigă şi explozii imprevizibile, nu le mai oferi nimic în schimb fără să ceri sau fără să creşti miza (mai ales în faza de atracţie).

Ca bărbaţi suntem învăţaţi de mici să le facem femeilor pe plac. Suntem setaţi ca atunci când o femeie cere, noi să oferim, iar acest lucru nu e întotdeauna cel mai atrăgător.

Micul manual de flirt – foarte util în faza de atracţie

Flirtul este un ping-pong verbal şi nonverbal prin care în mod inconştient se stabilesc rolurile din cadrul unei interacţiuni. Flirtul presupune participarea ambelor persoane implicate. Dacă doar tu "flirtezi" cu ea şi ea nu răspunde atunci este tachinare şi intenţie.

Flirtul este un joc aşa că nu trebuie abordat cu o atitudine serioasă ci mai degrabă una jucăuşă. Flirtul este simplu dacă ştii să îl joci (cum ai văzut în această carte, majoritatea lucrurilor sunt simple dacă cunoşti regulile după care să joci).

Sunt cinci principii pe care să le urmăreşti când flirtezi cu o femeie:

Principiul 1. Nu-i da un răspuns direct, decât dacă este "nu!"

Dacă te întreabă spre exemplu, cu ce te ocupi, nu te bucura ca un căţeluş că îi pasă cu ce te ocupi. Cei mai mulţi dintre bărbaţi abia aşteaptă ocazia în care să se laude cu ce fac ei extraordinar. În schimb, ca un bărbat adevărat ce ești, poți să crești miza. Poți să mai pui niște paie pe foc.

Când te întreabă cu ce te ocupi, spune-i că ești tipul care dezlipește gumele de mestecat de sub scaunele din cinematografe. Dacă începe să râdă și îți spune, hai pe bune cu ce te ocupi, tu continui, pe bune că se câștigă foarte bine! Apoi întreab-o pe ea cu ce se ocupă în afară de a umbla după tipii care dezlipesc gumele de mestecat de sub scaunele din cinematografe.

Ai prins ideea, e un simplu joc. Pare o prostie la suprafață, însă ceea ce contează cu adevărat sunt emoțiile pe care le antrenați între voi doi.

Principiul 2. Întrerupe-o în timp ce vorbește

O altă variantă de a crea o atmosferă de joc doar între voi doi, este să o întrerupi în timp ce vorbește. Să spunem că ai întrebat-o tu cu ce se ocupă și ea a început să-ți spună, o lași să povestească puțin apoi exact în mijlocul propoziției, o fixezi cu privirea și începi să zâmbești. Ea te va simți deconectat și te va întreba ce e, tu îi spui că nu te poți abține și că te gândești la o mie de lucruri pe care vrei să le faci cu ea, apoi îi spui: "dar tu nu te lăsa distrasă...continuă". Apoi repeți iar faza, privind-o iar în același mod și zâmbind. Ea va înțelege că te gândești la cu totul altceva decât îți vorbește.

Există mai multe moduri în care o poți întrerupe. Poți să-i spui chiar să se oprească pentru că nu te mai poți concentra. Fii creativ și vei găsi propriile variante.

Principiul 3. Dacă vrea să faci ceva pentru ea, cere-i ceva în schimb. Nu da nimic pe gratis.

Dacă vrea de exemplu să o ajuţi cu ceva. Să faci ceva fizic pentru ea, să-i cari un colet, să-i ţii umbrela pentru câteva minute, spune-i că o vei face însă mai întâi trebuie să te masseze sau să te scarpine pe spate. Aceste lucruri funcţionează cel mai amuzant când eşti într-un spaţiu public, într-un Mall spre exemplu.

Sunt şi situaţii când nu poţi să-i ceri "să facă" ceva concret pentru tine. Îţi reamintesc că nu e vorba de ce face fizic ci schimbul de energie şi emoţii pozitive generate de acest joc dintre voi.

Dacă spre exemplu eşti la o primă întâlnire şi vrea ceva de băut să spunem sau doar ce ai întâlnit-o într-un club şi vrea ceva de băut. Nu spui "am înţeles" şi te îndrepţi glonţ către bar.

Priveşte-o fix, zâmbeşte-i şi mai pune-i câteva întrebări referitor la cererea ei: "Să fie mare sau să fie mică, să fie dulce sau amară? După ce răspunde, "să fie cu pai sau fără?", iarăşi după ce răspunde, "o vrei caldă sau rece", ea zice caldă, "la 30 de grade sau la 47?" şi tot aşa.

Un alt exemplu:

Te întreabă "câţi ani ai". Tu îi spui "Ghici!"

Ea spune 24, tu te uiţi la ea ca şi când ar fi ghicit şi îi spui: "extraordinar !!!...mai încearcă o dată".

Dacă ea îţi spune "Câţi ani îmi dai?", tu o întrebi "vrei să ghicesc?", ea îţi răspunde "da", tu: "vrei să ghicesc mai sus sau mai jos?", în traducere "vrei să te fac mai bătrână sau mai tânără?"

Principiul 4. Tachineaz-o.

Când ea începe să-ţi povestească despre ce lucru extraordinar a făcut ea, te uiţi la ea mirat şi îi spui "pe bune, ori zici asta doar ca să mă impresionezi?".

O altă variantă când face un lucru pentru tine, este să o îmbrăţişezi şi să îi spui "mulţumesc, eşti chiar o fată de treabă, câteodată!".

Sau "rochia asta îţi vine chiar bine... când nu e pe tine!".

Sau "mi-a plăcut discursul tău. Foarte intens...mai ales decolteul!".   Dacă începe să te lovească uşor cu pumnul e de bine, stai liniştit.

Principiul 5. Provoac-o să iasă din zona de confort.

Femeile ca şi noi bărbaţii au multe lucruri pe care doresc să le facă însă nu au curajul să le facă.   Eu obişnuiam să le provoc pe tipele cu care dansam în Vama Veche să îmi facă cinste cu ceva de băut.   Sau să facă rost de o ţigară pentru un prieten imaginar.

O poveste interesantă care îmi vine în minte acum e cea a unui participant la tabăra de la mare.   Acesta a intrat în conversaţie cu un grup de persoane care stăteau în jurul unui foc pentru că îi plăcea o tipă de acolo.   Nu ştiu exact ce a făcut însă au ajuns să facă baie în pielea goală. Povestea era incitantă: doar ei doi, goi, sub clar de lună, înotau liberi în timp ce algele le gâdilau zonele călduroase. Apoi când au ieşit din apă au descoperit că cineva îi luaseră lui pantalonii.   Nervos, a luat-o pe tipă de mână şi a început să meargă pe plajă să întrebe pe la toate găştile care erau strânse în jurul focurilor de tabără.

După vreo şapte încercări şi drumuri pe plajă, s-a lăsat păgubaş. Adică după ce s-a plimbat toată plaja cu o tipă de mână, în curul gol, s-a lăsat păgubaş.

Noi şi ceilalţi participanţi la tabără, am aflat doar a doua parte a poveştii, de la recepţionera hotelului, unde eram cazaţi. Ea ne-a povestit cum la patru dimineaţa un individ doar cu un tricou scurt pe el, bătea puternic la uşă să i se deschidă. Lângă el era noua lui prietenă (partenera de baie) pe care o ţinea de mână. L-a început, recepţionera s-a speriat şi nu a vrut să-i deschidă, însă acesta a asigurat-o că nu are treabă cu ea şi că va merge în cameră cu noua lui prietenă.

Sunt sigur că în seara aceea tipa respectivă a fost provocată să iasă din zona de confort, iar al nostru prieten, a intrat şi a ieşit de mai multe ori din zona ei de confort.

Cam asta e ideea. Atitudine de joc, emoţii pozitive. Tot ceea ce a fost distractiv şi interesant când erai mic, funcţionează şi acum. O dată ce vei începe să joci, vei deveni din ce în ce mai bun la asta.

8. Cum să treci peste testele verbale

Cel mai probabil la începutul interacţiunii dintre tine şi o femeie vor apărea diferite teste. Prin teste femeile vor să vadă dacă eşti ferm în intenţiile tale şi eşti destul de bărbat să faci faţă scurtcircuitelor ei emoţionale.

Cel mai frecvent test întâlnit este "Am prieten". În cazul în care chiar are un prieten şi e fericită cu el, nu are rost să mergi mai departe. Ideea e că tu nu ştii dacă e un test sau nu. De cele mai multe ori femeile spun asta, pentru că chiar au un prieten de care nu sunt mulţumite sau nu au pe nimeni însă nu e aşa uşor să recunoască că sunt singure sau nu vor să cedeze prea uşor. Povestea imposibilă, îţi aduci aminte?

Ok...sunt două modalităţi prin care treci peste teste.

Tu ca bărbat poţi să pici un test doar dacă te afectează.

Dacă ea spune că are un prieten şi tu începi să te scuzi că ai abordat-o, atunci tu eşti cel care a dat înapoi, ea doar ţi-a expus situaţia.

Prima variantă prin care poţi trece peste un test este să te comporţi ca şi când nimic nu s-a întâmplat. Ea îţi spune "am un prieten", tu îi răspunzi "e în regulă" şi continui interacţiunea.

A doua variantă este să o validezi, adică să faci din faptul că are prieten, o calitate de a ei pe care tu o apreciezi la o femeie. "Am prieten!"

"Super...mă bucur să te cunosc! Tipele care au prieten sunt mai sociabile, mai deschise, nu sunt aşa mult în concurenţă cu celelalte femei, pur şi simplu au o energie mai frumoasă". Apoi continui cu alte lucruri pe care le-am observat la ea, construind în felul acesta interacţiunea.

Sunt mai multe tipuri de teste însă aceste două modalităţi funcţionează de minune. O femeie nu îţi dă teste decât atunci când te place, iar prin testul respectiv îţi spune ce o opreşte să fie cu tine. Asta nu înseamnă că nu vrea să fie cu tine, înseamnă doar că tu ca bărbat poţi găsi o cale să treci peste aceste teste.

9. Despre complimente şi afirmaţii

De cele mai multe ori când abordez o femeie pe care nu o cunosc o fac cu un compliment. Sunt sigur că şi tu ca bărbat ai auzit de puterea complimentelor. Însă şi aici este o capcană.

Complimente de genul "eşti foarte frumoasă şi vreau să te cunosc" merg doar dacă ea e atrasă de tine mai întâi (prin puterea contextului) sau doar dacă tu trasmiţi dincolo de cuvinte o energie autentică, caldă şi atrăgătoare.

Cu practică, cuvintele nu vor mai conta aşa de mult.

Până atunci însă hai să-ţi împărtăşesc ce fel de complimente funcţionează cel mai bine atunci când interacţionezi pentru prima dată cu o femeie.

Care este diferenţa dintre următoarele două complimente ?

1. "eşti cea mai frumoasă femeie pe care am văzut-o"

2. "îmi place cum ţi-ai asortat cămaşa cu pantofii, într-un stil uşor spre provocator aş putea spune"

Există două tipuri de complimente: complimente prin care o pui pe un piedestal şi complimente prin care apreciezi ceva specific la ea ca şi când ai fi un expert în domeniu.

Imaginează-ţi că eşti Cătălin Botezatu. Cătălin, are o grămadă de femei frumoase în jurul lui. Cu toate acestea nu l-am auzit de foarte multe ori să le spună că sunt cele mai frumoase. În schimb el observă **chestii specifice** la ele şi pe acestea le apreciază sau le critică. El este un evaluator, un expert dacă vrei. Este foarte atent la detalii şi asta face ca ceea ce spune el să fie mult mai apreciat.

Există o regulă în ce privesc complimentele:

Descalifică lucrurile generale. Apreciază lucrurile specifice!

Modul în care tu vrei să oferi complimente, mai ales în faza de atracţie este ca un evaluator. Dacă tu îi spui lucruri generale de genul "eşti cea mai frumoasă" pe lângă faptul că o pui pe un piedestal, nu îi spui nimic concret despre ea ci mai mult despre tine, faptul că nu ai mai văzut femei ca ea. În plus ea probabil că a mai auzit acelaşi compliment de la ceilalţi 17 bărbaţi pe care i-a întâlnit în aceeaşi zi, înaintea ta.

În cel mai fericit caz, o să primeşti un mulţumesc şi o să plece mai departe. Dacă vrei să abordezi diferit, arată că vezi dincolo de ceea ce văd majoritatea bărbaţilor. Arată că frumuseţea este tot timpul în jurul tău încât nu apreciezi chestiile generale ci mai mult lucruri care reflectă personalitatea ei.

Exemplu:

Am abordat două tipe care dansau pe plajă. Erau mulţi bărbaţi în jurul lor şi din când în când câte unul se băga în seamă cu ele, în încercarea de a le cunoaşte. Ideea e că nici unul nu intra total. Ele dansau în lumea lor şi le era foarte uşor să refuze avansurile tipilor, mutându-se prin paşi de dans în alt loc.

Erau frumoase? Da, erau super sexy! Una dintre ele, am aflat mai târziu, era creatoare de modă şi cealaltă era prietena ei cea mai bună. Am stat un pic şi am observat tiparul interacţiunilor. Bărbaţii intrau timid în conversaţie cu ele, însă ele dansau mai departe. Ok. Apoi am observat ce anume e specific la tipa care îmi plăcea şi ce anume e adevărat în situaţia respectivă. Era o eşarfă! O eşarfă colorată pe care ea o vântura pe sus, de fiecare dată când ritmul muzicii urca în intensitate.

Mi-am propus să mă duc să le cunosc. Dacă intram la fel de timid şi politicos ca ceilalţi bărbaţi, aveam mari şanse să nu mă bage în seamă. M-am dus direct la ele, cu greutatea pe ambele picioare, mi-am pus mainile pe umerii lor şi zâmbind le-am spus că îmi par nişte tipe interesante şi că vreau să le cunosc. Apoi le-am întins mâna, am făcut cunoştinţă, le-am spus că ceea ce m-a atras a fost eşarfa ei care se asortează perfect cu papucii pe care nu îi poartă şi că avem cinci minute la dispoziţie să ne cunoaştem până când muzica devine iar nebună.

Nici nu bănuiam că prin eşarfa respectivă aveam să ating un subiect important pentru ea. Era creatoare de modă şi eşarfa era una din creaţiile ei.

Când mi-a spus că e creatoare de modă în intenţia de a se lăuda (aplicând principiul, descalifică chestiile generale şi apreciază chestiile specifice), i-am spus că şi eu am o prietenă care îşi face propriile haine. Am continuat spunând că apreciez la ea faptul că e o fire creativă şi că ştiu că de obicei în relaţiile cu oamenii este mult mai sensibilă decât lasă să se vadă.

Cam asta e ideea cu complimentele. Să nu transmiţi că e ceva extraordinar, ceva nemaivăzut ceva ce te impresionează. În schimb să surprinzi ceva specific care spune ceva despre personalitatea ei.

Punctul 4. INDICATORII DE INTERES.

Cum îţi dai seama că unei femei îi place de tine?

Cum îţi dai seama că e atrasă de tine?

Ştii că o femeie nu îţi va spune, prin declaraţii de intenţie aşa cum faci tu. Poţi să-ţi dai seama dacă există atracţie sau nu, urmărind limbajul ei nonverbal şi cel emoţional. Pentru asta fii atent la ceea ce face şi ceea ce simte în legătură cu tine. Dacă ceea ce simte poate fi destul de vag pentru început, ceea ce face poate fi uşor măsurabil şi de necontestat.

O femeie este atrasă de tine dacă:

➢ intră în jocul tău de flirt şi joacă alături de tine
➢ dacă acceptă propunerile tale
➢ dacă îţi face mici cadouri sau investeşte în tine în sensul că plăteşte ea consumaţia sau te invită la un film, etc
➢ dacă îţi pune întrebări personale
➢ dacă o atingi şi îi place, adică nu se retrage
➢ dacă vrea să afle cât mai multe despre tine, dacă întreabă prieteni comuni despre tine, etc
➢ dacă după ce o suni şi nu-ţi răspunde, te sună înapoi
➢ dacă atunci când îi scrii mesaje, îţi răspunde la ele
➢ dacă îţi face diverse surprize
➢ dacă se **califică** provocărilor tale

Calificarea este o formă specifică de interes. Dacă eu îi spun unei femei că îmi place să mi se gătească şi într-o zi mă invită la ea că a gătit ceva bun şi e tocmai lucrul despre care i-am povestit, atunci ea s-a calificat provocării mele.

Alt exemplu. Dacă eu îi spun unei femei că îmi plac femeile care danseaza şi ea îmi spune că şi ei îi place să danseze, atunci se califică aşteptărilor mele.

O femeie se califică doar dacă e interesată de tine. Ea se califică atunci când tu emiţi nişte criterii şi ea încearcă să se încadreze în aceste criterii.

Dacă îi spui că eşti atras de o femeie care are spirit de aventură, chiar dacă ea este mai conservatoare însă îi place de tine, va merge cu tine în aventura pe care o propui tocmai pentru că în felul ăsta crede ea, că şi tu o vei place pe ea.

Este exact fenomenul invers ca atunci când ţie îţi place de o tipă şi vrei să ştie că aveţi cât mai multe lucruri în comun. La fel şi femeile care sunt atrase de tine se vor califica subtil ca să-ţi arate că aveţi multe lucruri în comun.

Punctul 5. CONEXIUNE

Conexiunea înseamnă încredere, siguranţă şi armonie. Pentru ca o femeie să fie în conexiune cu tine ea trebuie să aibă încredere în tine, să se simtă în siguranţă alături de tine şi să descopere că are cât mai multe lucruri în comun cu tine.

Interacţiunea cu o femeie nu este un proces liniar. Atracţia şi conexiunea se întrepătrund. Provocarea cu care se confruntă cei mai mulţi dintre bărbaţi este că le lipseşte foarte mult partea de atracţie. Având doar partea de conexiune, femeile îi simt doar ca pe nişte prieteni nu ca potenţiali parteneri (amanţi, lovers).

Însă tu acum ai şi partea de atracţie. Să presupunem că ai ajuns la punctul în care i-ai luat numărul de telefon şi ai stabilit întâlnirea. Cum faci să-ţi măreşti şansele ca ea chiar să vină la acea întâlnire?

Răspunsul se află în conexiune.

Dacă nu ai stabilit conexiune cu o femeie, e posibil ca pe moment să râdeţi împreună şi să vă simţiţi bine, ca mai apoi să nu-ţi mai răspundă la telefon.

Pe lângă faptul că o femeie e atrasă de tine, pentru a investi timp alături de tine ea mai are nevoie să simtă şi că are încredere în tine , că se simte în siguranţă cu tine şi că te cunoaşte.

Sunt trei lucruri mari după cum ai observat: încredere, siguranţă şi faptul că te cunoaşte.

Ca o femeie să simtă că e în siguranţă alături de tine, abordeaz-o ca un bărbat adevărat. Comportă-te ca un bărbat, fii încrezător în propriile forţe şi ea va simţi această încredere. Dacă ţie nu îţi va fi frică să fii cu ea nici ei nu îi va fi frică să fie cu tine.

Siguranţa pe care ea o simte alături de tine, vine mână în mână cu încrederea pe care o ai tu în tine. Toată treaba cu încrederea a fost discutată la capitolul 1 – Cum să devii maestrul tău interior. Poţi reciti această parte dacă simţi că mai vrei să lucrezi la încredere.

Iar pentru a face o femeie să simtă că te cunoaşte, poţi face următoarele lucruri:

➢ petreceţi timp în diferite locaţii. De aceea recomand întâlnirile instant. Ai cunoscut-o într-un loc aţi stat de vorbă pentru câteva minute apoi ai invitat-o la un ceai în alt loc. Noi întâlneam fete pe plajă şi le invitam la un suc la o terasă din apropiere. Locaţia nu trebuie să fie neapărat în alt local sau oraş. O altă locaţie poate să fie în cadrul aceluiaşi club spre exemplu când de la bar vă îndreptaţi către ringul de dans, apoi într-o zonă liniştită, în acelaşi club, unde să vă puteţi auzi (reţine că iniţiativa de a schimba locaţia trebuie să-ţi aparţină ţie).

➢ descoperă trei calităţi la ea, altele decât cele exterioare. O tipă va fi mai determinată să iasă cu un tip care apreciază la ea faptul că ştie să cânte la vioară, că vara merge la mare şi că atunci când plouă îi place să stea în casă şi să citească. Mai ales când tu ai transformat aceste lucruri în calităţi, spre exemplu, i-ai spus că faptul că ea cântă la vioară, o face să fie în contact cu latura ei artistică şi creatoare. În contextul în care multe femei şi-au pierdut această latură, găseşti asta foarte atrăgător la ea.

Spune-i aceste lucruri şi fii sigur că va fi nerăbdătoare să vină şi la a doua întâlnire cu tine.

➢ În contextul în care tu descoperi trei lucruri interesante la ea, conectează-le cu trei lucruri interesante despre tine. După ce îi spui că apreciezi faptul că ea cântă la vioară, poţi să-i spui că şi tu ai o latură artistică în dezvoltare. Că îţi place să pictezi, să scrii, să citeşti sau să faci artă din ceea ce se întâmplă în momentul prezent.

Apoi poţi să-i dai câteva informaţii referitoare la cine eşti, cu ce te ocupi şi ce proiecte noi te provoacă în momentul prezent.

Pentru a crea o conexiune puternică cu o femeie trebuie mai întâi să înveţi să asculţi dincolo de cuvinte. Tu ca bărbat ai puterea de a vedea dincolo de femeia din faţa ta, pe acea fetiţă din interiorul ei care în acelaşi timp e speriată să stea de vorbă cu străinii, care a învăţat să se ascundă în spatele cuvintelor pentru a nu mai fi rănită.

Tu ca bărbat adevărat, ai puterea să vezi dincolo de suprafaţă şi să ajungi exact la acele lucruri care contează pentru ea şi pentru care are nevoie să fie încurajată.

Poate că la exterior este o femeie cu o carieră de succes care învârte bărbaţii pe degete şi care nu se lasă uşor intimidată. Reţine că energia feminină este ca apa, nu poate să fie de gheaţă tot timpul.

Pentru a se simţi vie, ea îşi doreşte să întâlnească un bărbat lângă care simte că poate curge liber, fără măşti şi fără ziduri de protecţie.

Datoria ta de bărbat este să descoperi acea fetiţă din interiorul ei, zâmbind să îi întinzi o mână, să o aduci la suprafaţă şi să îi dai încredere că e ok să fie aşa, să se manifeste liber şi să creadă din nou în visurile ei. Dacă tu îi arăţi că ai încredere în ea, atunci şi ea va începe să aibă încredere în ea. Iar când ai lângă tine o femeie care are încredere în feminitatea ei, aceasta va revărsa darurile iubirii ei în direcţia ta.

Punctul 6. SENZUALITATE

Senzualitatea în contextul ăsta se refera la două lucruri: **atingerile** şi **fanteziile** pe care i le spui. Cu cât eşti mai confortabil în a le atinge pe femei, cu atât acestea percep că nu ai nici o problemă în a le penetra lumea. Dacă ai reţineri în a atinge o femeie, aceasta se va întreba ce vei face atunci când va fi dezbrăcată în faţa ta.

E clar că te îndemn să le atingi pe femei cât mai devreme şi cât mai des. Atingerile implică atingeri uşoare pe umăr, pe antebraţ, pe gât sau în alte zone în funcţie de gradul de conexiune şi intimitate. Poţi de exemplu să începi să le atingi pe femei pe antebraţ în contextul în care vrei să subliniezi o idee sau să o faci atentă în legătură cu ceva.

Eu spre exemplu, atunci când o femeie face ceva extraordinar şi o felicit, ridic mâna în aer, pentru un high-five. Nici una nu mi-a refuzat acest gest şi îl folosesc destul de des, deoarece creez în acest fel acel sentiment de "suntem împreună în chestia asta".

Dacă ştii să dansezi, este şi mai bine. Dansul, aşa cum îmi place mie să spun, este expresia verticală a unei dorinţe orizontale.

Îţi recomand să urmezi câteva cursuri de dans, o piruetă este extrem de utilă atât în club cât şi pe timp de zi când întâlneşti femei pe stradă. ☺

Referitor la fantezii...

Fanteziile sunt expresii sau scenarii verbale prin care tu spui ce te incită la ea în momentul prezent şi ceea ce ai de gând să îi faci în viitor. În timp ce îţi povesteşte despre căţelul bunicului ei, tu poţi să o tragi uşor înspre tine, sau să te apleci uşor spre gâtul ei (depinde de context) şi să-i spui în timp ce ea încă mai vorbeşte "mmm...ce bine miroşi". Ea se va opri. Bineînţeles tu îi vei spune să continue ce îţi spunea, apoi repeţi faza şi de data asta adaugi "mă înebuneşti", apoi iarăşi efectul este garantat.

Un alt lucru pe care îl poţi face este să-i spui direct la ce să se aştepte. Adică să creezi un scenariu erotic în mintea ei. De data asta creezi o poveste erotică.

"Ştii ce ar fi cel mai nebun lucru pe care am putea să-l facem? Eu ştiu sigur ce vreau să-ţi fac! O să-ţi dau întâlnire la 12 noaptea pe plajă iar tu o să vii. O să te aştept întins pe plajă cu o şampanie şi o cutie de bomboane de ciocolată, tu o să te întinzi lângă mine, o să mă priveşti intens şi curioasă în acelaşi timp. Eu nemaiputând să mă abţin, o să-mi bag mâna în părul tău şi am să te trag către mine. Apoi am să te sărut pasional cu o sete nebună, în timp ce nu mă voi sătura de gura ta, am să te dezbrac uşor, lăsând ca aerul mării să-ţi mângâie pielea, am să mă joc cu sânii tăi la fel de curios precum un copil care descoperă pentru prima dată o jucărie...apoi... din ce în ce mai aprins... " ... nebunaticule, eşti curios să afli continuarea? ☺

Crede-mă că şi ea va fi. Chiar dacă te va opri de mai multe ori în timp ce îi spui toate acestea şi îţi va spune că eşti nebun, crede-mă că te va iubi pentru această experienţă. Mai rămâne doar să te asiguri că atunci când va fi lângă tine îi vei oferi de trei ori mai multă plăcere decât i-ai promis.

Punctul 7. PROPUNERILE

➢ Uite, am un concert la care vreau să mă însoţeşti!
➢ Mie mi-e sete. Vreau să mergem până la bar să bem ceva!
➢ Vreau să te mai văd. Hai să facem schimb de contacte!
➢ Îţi ofer mâna mea. Ţine-mă cu încredere!
➢ Vreau să vii cu mine la mare. Ce zici în legătură cu asta?
➢ Hai să stăm la masa asta. Nu te muşc. Nu acum!
➢ Hai să dansăm. Ai încredere că am să te fac să arăţi extraordinar.

E vorba despre Leadership. **Dacă tu îţi asumi rolul de lider, femeile te vor urma. În orice interacţiune şi relaţie întrebarea de o mie de puncte este "cine pe cine urmează".**

Ea face mai mult din ceea ce zici tu sau tu faci din ceea ce zice ea? Ideea de a propune nu înseamnă neapărat să faceţi ca tine. Însă tu ca bărbat stabileşti direcţia. E datoria ta ca bărbat să stabileşti o direcţie pe care ea să poată să o refuze. Poate că împreună găsiţi o variantă mai bună. Însă dacă tu nu ai nici o propunere, e ca şi când nu-ţi spui părerea pentru că oricum nu va fi ascultată.

Este ca şi în dans. Tu îi propui femeii paşii prin care ea să te urmeze. Dacă tu nu îi propui nici un pas, atunci ea nu are cum să urmeze nimic. Poate că va încerca ea să conducă, însă acesta nu mai este un dans autentic.

Concluzia: Fă cât mai multe propuneri. În felul ăsta femeile vor şti ce aşteptări ai de la ele şi le scoţi din zona în care trebuie să ghicească.

Punctul 8. CE SĂ FACI LA PRIMA ÎNTÂLNIRE

Prima întâlnire începe din momentul în care privirile voastre s-au întâlnit pentru prima dată

Am întâlnit foarte des bărbaţi care nu ştiau ce să facă la prima întâlnire. Răspunsul meu e simplu: fă ceea ce îţi place ţie. Dacă ţie îţi face plăcere şi te simţi bine cu tine, fii sigur că şi ei îi va face plăcere şi se va simţi bine cu tine.

Bineînţeles, dacă ţie îţi place să joci la pariuri sau să mergi la un meci de fotbal s-ar putea ei să nu-i placă aceleaşi lucruri. Eu aleg de obicei, un cadru unde putem să vorbim în timp ce facem și mișcare. Poate să fie un meci de bowling sau o plimbare cu bicicletele în parc. La fel de bine puteți să mergeți și la patinoar, dacă ești în sezon sau o poți invita la o alergare în parc.

Și aici ideea este să fii diferit și să îi oferi o experiență care să merite a fi povestită prietenei ei celei mai bune. **Reține că scopul nu este să faci tot posibilul ca ea să se simtă bine ci să vă simțiți amândoi bine.** Tu în primul rând pentru că energia ta o va influența și pe ea.

Cea mai mare provocare referitor la capitolul întâlniri este ca în cele din urmă tu ca bărbat să o aduci pe ea în lumea ta. Dacă pur și simplu nu găsești ceva interesant de făcut pentru prima întâlnire, înseamnă că este o oportunitate excelentă pentru tine de a-ți extinde lumea în care trăiești.

Ți-am mai spus în această carte că tu ca bărbat ești într-o călătorie. Prima întrebare care se pune este dacă această călătorie este atrăgătoare și pentru ceilalți, implicit pentru ea. Și-ar dori ea să facă parte din această călătorie?

Dacă răspunsul este nu, nu e cazul să te întristezi. Pur și simplu întreabă-te ce poți să faci pentru a face din viața ta și din activitățile tale zilnice, o călătorie care să merite trăită?

Iarăși revenim la prima parte a acestei cărți. De fapt în orice lucru pe care îl faci, o să ajungi în cele din urmă tot la tine și la dezvoltarea ta ca bărbat.

Călătoria mea pe vremea cât am stat la Brăila era legată de faptul că vroiam să înființez un club de public speaking, Toastmasters. Lumea în care o invitam pe o tipă atunci când o cunoșteam era lumea unui tip care avea visul de a înființa clubul de public speaking. Ieșeam la prima întâlnire la bowling însă discuţiile mele erau centrate în jurul visului meu.

Ceea ce vreau să subliniez este faptul că nu ce faci şi ce spui la prima întâlnire contează, aşa cum cred majoritatea bărbaţilor. **Ceea ce contează cu adevărat este ce faci tu în fiecare zi.** Care este călătoria ta şi care este direcţia în care vrei să te îndrepţi. Asta e întrebarea care îţi va oferi răspunsul primei întâlniri şi celor care vor urma.

Să ne întoarcem puţin la momentul de dinainte de întâlnire.

I-ai luat numărul de telefon şi i-ai spus că o să o suni pentru că îţi place de ea şi vreţi să vă mai vedeţi. Sau un scenariu şi mai bun este că atunci când i-ai luat numărul, înainte de a-i cere efectiv numărul, să o inviţi mai întâi undeva, numărul fiind doar un mijloc de legătură.

Ce să-i spui unei femei atunci când o suni să o inviţi la prima întâlnire:

➢ Dacă nu răspunde, nu recomand să îi trimiţi SMS cu invitaţia ta. Cel mai bine este să te audă, în plus auzindu-ţi vocea îi trezeşti emoţiile pe care le-a trăit cu tine.

➢ Fii cât mai specific, cât, unde, cum.

➢ Spontaneitatea nu e de dorit. Nu lăsa pe ultima sută de metri. Sun-o eventual cu o zi înainte pentru a avea timp să se pregătească.

➢ Reafirmă-ţi interesul faţă de ea. Spune-i că îţi place de ea (ce anume îţi place la ea) şi că vrei să o cunoşti mai bine.

➢ Spune-i că ai pregătit o experienţă extraordinară pentru amândoi.

> Adu-i aminte că sunteţi amândoi suficient de maturi încât să vă daţi seama în primele 30 de minute dacă există atracţie sau nu. Drept urmare întâlnirile tale sunt scurte. Maxim 30 de minute şi nu se pot prelungi decât la cererea publicului.

> Scopul primei întâlniri, dacă nu ai sărutat-o din prima, atunci când i-ai luat numărul, este să o săruţi. Ca o idee orientativă, dacă nu te săruţi cu o tipă în primele 3 interacţiuni / întâlniri cu ea, nu are rost să vă mai vedeţi. (e o recomandare, nu regulă)

Ok, suntem în timpul întâlnirii şi au trecut cele 30 de minute. O vei anunţa că au trecut şi o vei întreba dacă vrea să continue. Dacă spune că da, spune-i că şi tu eşti ok însă vrei să facă ceva pentru tine. Apoi îi spui să se apropie, contact vizual, zâmbet şi o săruţi... în funcţie de context pe obraz, pe gât sau pe gură. Mai târziu repeţi faza din nou.

> Dacă spune că nu se poate să vă întâlniţi, dă-i dreptate. Spune-i că sunt zece mii de motive pentru care nu puteţi să vă vedeţi însă dacă există măcar unul pentru care merită să vă vedeţi, cine sunteţi voi să vă împotriviţi destinului. ☺

Subiecte de conversaţie pentru prima întâlnire

Ai crede că scopul tău este să descoperi cât de multe lucruri aveţi în comun. Te gândeşti că dacă o să simtă că sunteţi la fel, o să îi placă de tine. Ce fac majoritatea bărbaţilor la prima întâlnire? Cei mai mulţi se concentrează pe a descoperi acele lucruri pe care le au în comun cu ea şi pe a demonstra că sunt mai buni decât ceilalţi bărbaţi pe care i-a întâlnit.

Aşa că în loc să te focusezi pe ce lucruri aveţi în comun eu îţi recomand să descoperiţi ce personalităţi distincte aveţi fiecare. Când începi să vorbeşti deschis despre tine, fără intenţia de a demonstra că eşti mai bun decât ceilalţi bărbaţi, eşti autentic şi arăţi că ai o relaţie extraordinară cu tine.

Şi de cele mai multe ori, faptul că tu te deschizi, este motivul de care are ea nevoie pentru a face şi ea acelaşi lucru în prezenţa ta. Un al doilea motiv este că fiind diferiţi şi aproape imposibi ca voi doi să fiţi împreună, asta amplifică atracţia dintre voi, iar faptul că îi recunoşti această imposibilitate din primul moment nu faci decât să obţii o conexiune profundă cu ea, pentru că spunându-i adevărul, ajunge să aibă încredere în tine.

Acum că am lămurit treaba cu sinceritatea probabil vrei să ştii cum poţi să găseşti acele subiecte de conversaţie interesante. E foarte simplu: Fii curios! Fii foarte curios în legătură cu femeia din faţa ta! Ştii care e subiectul ei preferat... despre care ai putea să vorbeşti la nesfârşit şi tot să mai vrea?

Ai ghicit! E vorba despre ea însăşi!

De asta am spus că întâlnirea e despre voi doi ca oameni şi din punctul tău de vedere despre ea ca femeie... despre curiozitatea erotică care te îndeamnă pe tine să o cunoşti mai îndeaproape.

Despre ce vorbesc eu la prima întalnire? Despre cum o văd eu pe ea ca femeie, despre cum văd eu relaţiile şi despre faptul că deşi fiecare căutăm în locuri diferite, atât noi bărbaţii cât şi femeile, ne dorim acelaşi lucru: iubirea.

Faptul că suntem aici, poate fi o întâlnire între doi oameni însă dacă ne uităm mai bine la ce se întâmplă, este o căutare a iubirii.

Aşadar ai observat că vorbesc foarte mult despre momentul prezent şi o fac conştientă că este momentul nostru, pentru că îl creăm împreună.

Vorbesc şi despre trecut şi despre viitor însă numai în contextul în care îi împărtăşesc fricile si visurile mele cele mai măreţe.

Pe toată durata interacţiunii scopul meu NU este să o impresionez. Dacă a ales să iasă cu mine, înseamnă că îi place de mine deja şi că acum vrea să afle mai multe despre mine. Şi tocmai de aceea eu vreau să mă cunoască aşa cum sunt eu cu adevărat: unic !... cu fricile, visurile şi fanteziile mele cele mai fierbinţi.

Iar dacă spre exemplu, în timp ce vorbeşte, sesizez că încep să am tot felul de gânduri despre ea şi că mă incită modul în care mă priveşte când îmi vorbeşte.... o opresc în mijlocul conversaţiei şi îi spun exact ce se întâmplă în mintea mea. "Opreşte-te puţin... vorbeşti aşa de frumos şi îmi place modul în care mă priveşti încât ar fi nesincer din partea mea să nu-ţi spun că în momentul ăsta umbli dezbrăcată în mintea mea... şi că îmi place ceea ce văd... îmi vin tot felul de fantezii... ok, acum că ţi-am spus asta putem continua.... îmi spuneai ceva despre ce ai făcut vara trecută la mare".

Aşadar scopul meu este să fiu 100% sincer cu ea. Chiar dacă ei nu îi pică bine (deşi nu am întâlnit nicio femeie căreia să nu-i placă acest mod de a interacţiona. Chiar dacă nu au dat curs fanteziilor mele, mi-au spus că au un sentiment ciudat şi că simt că pot avea încredere în mine. Cred şi eu când sunt 100% sincer cu ele).

Ideea cu sinceritatea e simplă: mai devreme sau mai târziu, femeile te vor cunoaşte aşa cum eşti tu de fapt. Nu poţi să te ascunzi la nesfârşit. Însă câştigi enorm dacă le spui gândurile şi fanteziile tale de la început. Dacă eşti o fire mai sexuală, vrei să afle asta din primul moment.

Cele care nu vor să fie cu tine, îţi vor spune imediat asta şi nu mai pierzi timp şi bani cu ele. Iar cele care se gândeau la tine şi cochetau cu ideea de a fi cu tine... acum că le-ai spus ceea ce gândeşti... sunt foarte înfierbântate şi te doresc acum!

În cadrul seminariilor pe care le organizez le spun bărbaţilor că e un moment bun să facă curăţenie în relaţiile pe care le au şi îi îndemn să le spună femeilor din viaţa lor, ceea ce gândesc despre ele. De cele mai multe ori reacţiile sunt total diferite faţă de ce credeau bărbaţii că o să se întâmple: te trezeşti că femeile încep să-ţi mulţumească, să-ţi împărtăşească şi ele fanteziile lor, să-ţi trimită pe mail, poze cu ele dezbrăcate, să-şi dorească să te întâlnească cât mai repede şi multe alte nebunii de genul ăsta.

Cam asta e ideea cu prima întâlnire. Sunt sigur că o să iasă extraordinar (chiar incendiar uneori) mai ales dacă aplici ideile de flirt şi conexiune pe care le-ai învăţat. ☺

Punctul 9. DESPRE SEX – CUM, CÂND ŞI UNDE (LA MINE SAU LA TINE ?... POATE ÎN PARC ?!)

Sexul reprezintă un test important pe care îl daţi împreună tu ca bărbat şi ea ca femeie. Pentru că sexualitatea este destul de greşit înţeleasă şi condamnată de societatea noastră, ajungem şi bărbaţi şi femei să asociem multă vinovăţie cu actul sexual.

Cea mai multă vinovăţie o acumulează femeile, pentru că ele sunt judecate mai aspru dacă fac sex pentru propria plăcere cu mai mulţi bărbaţi. Tu ca un bărbat adevărat fii conştient de acest lucru. Poate că ea îşi doreşte să facă sex cu tine însă va fi foarte reţinută în a-ţi exprima acest lucru şi în a-ţi da semnale clare. Pe măsură ce înaintează în vârstă va deveni mai independentă în gândire şi va scăpa de reţineri. Reţine că cu cât o femeie este mai tânără cu atât va avea mai multe reţineri în ce priveşte sexul cu un bărbat cu care nu este într-o relaţie declarată.

De aceea responsabilitatea ta principală este ca după această experienţă să o laşi mai bine decât ai întâlnit-o. Este genul de experienţă în care ai nevoie să fii foarte discret. Dacă imediat după ce te culci cu ea, te lauzi prietenilor tăi, ce tare eşti tu, ai o provocare cu stima de sine. Dacă acesta este cazul tău, s-ar putea să sfârşeşti de multe ori în a intra în relaţii cu femeile nepotrivite doar pentru a-ţi demonstra valoarea în cercul tău social.

Ceea ce se întâmplă între tine şi o femeie, rămâne între tine şi acea femeie. Reţine că cea mai mare frică a unei femei este să-şi rişte reputaţia. Pe lângă reputaţie, când o femeie se abandonează simţurilor alături de tine ea îţi acordă un vot extraordinar de încredere. De aceea când ai o femeie goală în pat lângă tine, e o realizare importantă pentru tine ca bărbat însă şi o mare responsabilitate. Ea vine la tine cu toate fricile şi vulnerabilităţile ei şi are încredere că tu o să ai grijă de ea. Pentru că tu controlezi actul sexual şi experienţa pe care i-o pregăteşti, ea nu ştie la ce să se aştepte.

Practic, ea vine la tine ca o carte deschisă. Ai grijă cum întorci paginile.

Asta a fost partea de mindset.

În continuare să luăm pe rând aspectele practice.

1. Dacă mă întrebi cum să ajungi la sex cu o femeie, îţi spun că este foarte simplu: Sexul este un rezultat firesc al atracţiei, conexiunii şi atingerilor incitante dintre tine şi ea.

Fiind un rezultat, stă în puterea ta să faci două lucruri care conduc la realizarea acestuia. Primul este să ţi-l asumi, adică să identifici şi să cureţi acele convingeri negative cu privire la sex şi să le înlocuieşti cu convingeri sănătoase. Am vorbit mai devreme în această carte despre convingerile legate de Sex. Al doilea lucru pe care îl poţi face, după ce ţi-ai asumat faptul că vrei să oferi şi să primeşti plăceri sexuale, de la o anumită femeie, este să pui focusul pe crearea atracţiei, pe conexiune şi pe atingerile senzuale.

Să presupunem că relaţia voastră a ajuns în faza unde vă sărutaţi pasional şi mâinile voastre nu stau cuminţi şi explorează totul. Eşti pe drumul cel bun pentru că veţi ajunge natural la sex, dacă corpul ei îşi doreşte asta mai mult decât mintea ei.

Cum nu poţi convinge o femeie să te placă la fel nu o poţi convinge să facă sex cu tine (exclud cazurile când o plăteşti pentru asta).

Aşadar totul e emoţional. Tu practic prin ceea ce ai învăţat, poţi crea dorinţa în corpul ei. Poţi amplifica acea dorinţă în corpul ei, prin atingeri senzuale şi sărutări flămânde. Sărut-o pe gât, sub ureche, în ureche, pe piept, pe umeri, unde ai tu poftă.

În nici un caz nu îţi recomand să o săruţi pe frunte. Ştiu, apare des în filme însă nu te avantajează. Sărutul pe frunte este un gest care trezeşte în ea un sentiment părintesc şi aşa cum ştii şi tu suntem programaţi să nu simţim atracţie faţă de membrii familiei. Sărutul pe frunte este o ancoră puternică pentru ea. Nu o folosi împotriva ta.

2. Tu creezi contextul, tu faci propunerile, tu îţi asumi responsabilitatea.

Am discutat despre asta. Invit-o la un film la tine, invit-o la o cină romantică la tine, invit-o să îi arăţi colecţia ta de cărţi de dezvoltare personală, găseşte ceva pentru care să o inviţi. Dacă nu ai încă un loc al tău există variante: camera de hotel sau propria maşină. Maşina poate fi un loc incitant pentru ea şi e uşor să aburiţi geamurile împreună dacă o faci să te dorească. În lipsă de maşină şi de apartament îţi rămâne o cameră la hotel sau acasă la un prieten. Mai există şi variantele "în parc, pe dig sau pe plajă", însă nu ştiu cât de confortabilă este ea cu ideea asta pentru prima dată.

Indiferent unde plănuieşti să o faceţi, ai grijă să îi dai de înţeles că se va întâmpla în curând. Atunci când eşti în sărutări pasionale cu ea, spune-i că o doreşti, spune-i că vrei să petreceţi o noapte împreună, doar voi doi. Dacă ea este destul de atrasă şi incitată de tine, va simţi că asta e direcţia firească şi se va pregăti. Dacă nu îi spui nimic şi vrei să-i faci pur şi simplu o surpriză şi o pui direct în faţa faptului împlinit, adică o duci la hotel, există riscul să-ţi spună că nu e pregătită (epilată, parfumată, etc). Nu e o regulă generală însă e un aspect pe care merită să-l iei în considerare. Cu timpul vei simţi exact ce e nevoie să faci pentru a face lucrurile uşoare şi pentru ea.

3. Pregăteşte o experienţă memorabilă. Ai grijă de logistică.

Dacă ai timp să pregăteşti ceva fă-o ca la carte. Construieşte o experienţă unică pentru ea. Cumpără o sticlă de vin bun, alege o muzică ambientală, cumpără nişte fructe exotice şi nu uita ciocolata. Dacă vrei ca ea să se abandoneze total experienţei, arată-i că totul este sub control şi că poate avea încredere deplină în tine. Poţi să o legi şi la ochi înainte de a o lua în braţe şi a o duce în dormitor. Aprinzi, două beţigaşe parfumate, câteva lumânări şi stingi lumina. Îi spui să se relaxeze. În timp ce o săruţi pasional laşi să curgă în gura ei puţin din vinul pe care tocmai ce l-ai băut din pahar.

4. Condu lucrurile pas cu pas, încurajeaz-o cât mai des.

Îi spui cât de bine miroase şi începi să o dezbraci uşor. Îi spui că acum o să ai tu grijă de ea şi că e ok să se relaxeze şi să se abandoneze simţurilor. Aminteşte-i că sunteţi numai voi doi şi că e seara voastră. Spune-i că nu te grăbeşti şi să aibă răbdare în timp ce îţi dai voie să îi explorezi fiecare centimetru din corpul ei superb. Dă-i uşor bluza jos şi sutienul şi spune-i cât de frumoşi sunt sânii ei. (Încurajeaz-o periodic, femeile îşi fac autocritica mai des decât crezi. Dacă înveţi să o apreciezi, vei fi ca o ploaie în deşert pentru ea.)

Apoi întoarce-o pe spate şi începe să o masezi uşor. Ai pregătit lângă tine un ulei, pe care îl încălzeşti cu o lingură deasupra unei lumânări, înainte să îl picuri pe ea. Va începe să geamă de plăcere. Corpul ei te va dori tot mai mult. Şi corpul tău o va dori din ce în ce mai mult. Dacă vrei să fie o experienţă memorabilă vei învăţa să-ţi controlezi energia sexuală şi să nu sari pe ea din prima.

Apoi o vei întoarce cu faţa şi vei începe să îi masezi sânii. Vei lua în gura ta o bucăţică de ciocolată (sau o bomboana cu lichior) şi îi vei da şi ei printr-un sărut.

5. Dacă întâmpini frică din partea ei în timp ce îi dai chiloţeii jos, opreşte-te, şi întoarce-te un pas înapoi, sărut-o pasional şi mai accentuează preludiul.

Dacă ea este atrasă de tine şi are încredere în tine, nu ar trebui să apară reţineri din partea ei. Totuşi se mai întâmplă. Nu ştii ce e în mintea ei şi care sunt fricile cu care se confruntă.

În cazul în care întâlneşti astfel de reţineri (nu e confortabilă când îi dai chiloţeii jos) soluţia este să te întorci cu un pas înapoi să îi dai timp să se obişnuiască cu ideea.

După ce ai mai amplificat dorinţa, prin diverse atingeri senzuale, o urci pe tine şi... îi rupi chiloţii.

Îţi garantez că reacţia ei va fi peste aşteptări. Apoi îi iei mâna şi i-o duci în zona ta fierbinte. Îi cedezi "controlul", o laşi să îţi simtă "puterea" (îţi recomand să faci aşa pentru că cele mai multe femei sunt timide şi vor să fie conduse pas cu pas).

6. Nu te grăbi. Las-o pe ea să te dorească mai mult. Să fiarbă în suc propriu.

Şi sexul ca şi atracţia este un dans. Tu ca bărbat conduci dansul. Dacă o doreşti mai mult decât te doreşte ea pe tine şi te grăbeşti, vei strica ritmul dansului. Rolul tău este să o seduci şi să o exciţi aşa de tare până ajunge în momentul în care nu se mai poate abţine şi vrea să sară efectiv pe tine. Vrei ca ea să simtă o tensiune sexuală nebună. Faci asta, concentrându-te în primul rând pe ea şi menţinând impulsurile tale sub control.

Când începi să o penetrezi, evită monotonia. Ca bărbaţi avem tendinţa să intrăm în tipologia romanticului să facem dragoste mai mult decât să penetrăm cu putere. Nici o extremă nu este bună, iar inamicul numărul unu al actului sexual este monotonia.

Secretul constă în varietate. Fii şi tandru dar fii şi agresiv. Mângâi-o uşor dar şi muşc-o cu sete. Penetreaz-o încet.... încet... şi mai încet... apoi foarte repede. Alternează stilul romantic şi uşor cu stilul agresiv şi rapid. Fă-o ca şi când ai cânta o rapsodie de primăvară: acum e linişte şi pace însă nu ştii când urmează o furtună cu fulgere şi tunete. Schimbă poziţiile... muşc-o de fund. Dă-i câte o palmă pentru că nu te ascultă. Chiar dacă te ascultă dă-i aşa una preventiv. Indiferent ce faci şi ce îţi face, apreciaz-o. Spune-i cât de bine arată, ce corp extraordinar are şi cât de mult te excită. Spune-i că iubeşti modul în care face sex. Dacă faci o practică din a-i oferi cât mai multe complimente şi ea va face o practică din a se întoarce pentru mai multe.

Asigură-te că are orgasm. Aici sunt o mulţime de tehnici referitoare la sexualitate, despre care nu am timp să vorbesc în această carte. Vestea bună este că se pot învăţa. Cele mai multe femei nu au experimentat un orgasm adevărat.

Asta este o veste bună: pentru tine! Fii tu acel bărbat care le încurajează şi le susţine să se elibereze sexual. Nu fii bărbatul care o critică pentru dorinţele şi fanteziile ei sexuale. Fii scânteia libertăţii.

Ridică-i nivelul de încredere în energia ei sexuală. Fii bărbatul din fanteziile ei nocturne.

... la sfârşit nu uita să o ţii în braţe şi să o mângâi afectuos.

- PARTEA A III-A -
DINCOLO DE SEX
– CUM SĂ O PĂSTREZI CÂND AI GĂSIT FEMEIA PE CARE O CAUȚI - IDEI PRACTICE DESPRE CUM SĂ AI RELAȚII EXTRAORDINARE

"Pentru ca minunea să se întâmple trebuie să faci ceva, şi asta e să începi să fii autentic, cu riscul că s-ar putea ca relaţia să nu fie destul de puternică pentru a suporta adevărul – dar în acest caz nici nu merită să întreţii această relaţie. Pentru ca relaţia să merite, trebuie să treacă acest test cu bine."

- Osho

În final, indiferent de ce îţi doreşti acum, tot aici vei ajunge. Totul se rezumă la relaţiile pe care le ai cu persoanele din viaţa ta. O relaţie cu totul specială este relaţia cu femeia pe care o iubeşti.

O relaţie este o binecuvântare, iar în aceeaşi măsură este una dintre cele mai mari provocări de dezvoltare personală în care se pot implica două persoane.

O relaţie de cuplu cu o femeie, începe în mod firesc după primul act sexual. Subliniez această idee pentru că foarte mulţi bărbaţi se amăgesc cu falsa idee că sunt într-o relaţie cu o femeie şi îşi proiectează tot felul de scenarii când ei nici măcar nu au văzut-o dezbrăcată.

Ok, aţi avut experienţe sexuale împreună, împărtăşiţi şi alte valori în afară de pasiunea pentru sex şi vrei să începi o relaţie cu ea. Simţi tu că ar fi genul de femeie cu care ţi-ar place să ai o relaţie. În continuare am să-ţi prezint câteva aspecte pe care eu le-am învăţat din propria experiență ca partener în relație și care, cred eu, că o să-ți fie extrem de utile.

A înțelege cum funcționează cu adevărat relațiile reprezintă o provocare la fel de mare precum a înțelege cum funcționează cu adevărat atracția. Așa cum există foarte multă confuzie în jurul atracției, la fel există foarte multă confuzie în jurul relațiilor.

Oamenii din ziua de astăzi intră foarte ușor într-o relație, precum și ies de altfel. Relațiile se formează ușor și se destramă și mai ușor. O femeie este nefericită într-o relație și își părăsește partenerul pentru a găsi unul care să o facă fericită. La fel, un bărbat nefericit își părăsește partenera pentru că simte că nu mai poate trăi lângă ea și începe să caute o altă femeie care să-l iubească.

Însă a-ți părăsi partenera pentru a găsi o altă femeie, este o soluție pe termen scurt. Osho[4], obișnuia să spună în discursurile sale că pentru cei mai mulți oameni, a fi într-o relație este ca și când ar căra un sicriu pe umărul drept. La un moment dat durerea devine atât de mare încât trebuie să facă ceva. A schimba partenera actuală pentru o alta este ca și când ai muta sicriul de pe umărul drept pe umărul stâng. Ai scăpat de durere. Însă pentru scurt timp.

Pentru că adevărata problemă nu este la ea, ci la tine, persoana care cară sicriul. În primul rând, te-aș întreba de ce ai ales să cari sicriul?

Dacă ești interesat să ai relații extraordinare în care să fii fericit, merită să fii atent la două lucruri: care sunt motivele pentru care intri în relația respectivă și al doilea lucru, care sunt ingredientele care fac o relație extraordinară.

---

[4] Lider spiritual din India ale cărui discursuri au fost publicate și în limba română

Să le luăm pe rând.

Problemele într-o relaţie apar în primul rând pentru că acea relaţie este bazată pe nevoi şi foarte puţin pe dorinţe. Ceea ce-ţi spun acum, este că o relaţie pentru a funcţiona, are nevoie să fie bazată pe dorinţe, nu pe nevoi.

Obişnuiesc adesea să spun că **o relaţie funcţională este atunci când două persoane care pot să trăiască fiecare separat aleg să trăiască împreună pentru a experimenta viaţa ca o echipă.**

Două chestii foarte importante aici: "persoanele pot să trăiască fiecare separat" şi "aleg".

Uită-te la majoritatea relaţiilor pe care le cunoşti şi vezi dacă "aleg" sau "au nevoie" să fie împreună.

Adevărul crunt este că majoritatea relaţiilor sunt construite pe nevoi. Ceva de genul: Eu ca bărbat vreau o femeie cu care să-mi satisfac poftele sexuale şi cu care să mă mândresc în societate. Pe de altă parte, o dată ce am găsit-o ştiu ce greu mi-a fost până să o găsesc şi mi-e frică să nu o pierd pentru că nu ştiu dacă mai sunt în stare să găsesc şi să atrag o femeie ca ea.

Ea ca femeie, m-a găsit pe mine, prinţul fermecat, care îi face toate poftele, care are grijă de ea şi care o salvează din toate încurcăturile.

Vorbim de nevoi aici sau de "alegeri" independente? Şi te mai întrebi de unde vine replica "nu pot trăi fără tine". E grav dacă nu puteţi trăi unul fără celălalt pentru că aici e vorba de ataşamente, iar în spatele ataşamentelor se află frica de a fi părăsit, frica de a nu fi suficient de bun pentru a găsi pe altcineva şi tot aşa.

De aceea spun că o relaţie este cea mai mare provocare de dezvoltare personală.

Trăind cu o femeie în aceeași casă, pentru o perioadă lungă de timp, scoți la iveală tot felul de frici cu care trebuie să te confrunți.

Dacă vrei să te dezvolți bineînțeles.

Ești gelos când alți bărbați se uită la ea?...sau ea e geloasă pe tine când vorbești cu alte femei?... iarăși ajungem la atașamente. Gelozia în esența ei nu este decât un sentiment de neîncredere în tine ca persoană. Crezi că altcineva e mai bun decât tine și că partenera ta va alege alt bărbat în locul tău. Apoi proiectezi toată neîncrederea și toate fricile tale asupra celuilalt. Și celălalt face la fel cu tine. Ești un ping-pong continuu de frici, neîncredere și atașamente. Nu e de mirare că cele mai multe relații se destramă în primul an, urmând ca celelalte să se destrame în următorii trei.

De aceea prima întrebare pe care merită să ți-o pui atunci când vrei să intri într-o relație este următoarea: intri pentru că vrei sau intri pentru că ai nevoie?

Nu o să fie niciodată albă sau neagră (strict bazată pe nevoi sau dorințe). O să fie un mix. Îți spun doar că relația ta va fi mai fericită în măsura în care ea se contruiește pe dorințe și mai puțin pe nevoi. Și pentru că sunt două persoane în ecuație, gândește-te și în dreptul ei, ea pentru ce intră în relație cu tine? Nu te amăgi spunându-ți că te iubește pentru că nu despre asta e vorba acum.

Dacă te iubește, însă are nevoie de tine pentru a fi fericită atunci, în realitate ea nu va fi niciodată fericită, pentru că îți pasează ție această responsabilitate și tu nu ai cum să o faci pe ea fericită. Doar ea se poate face fericită. Așa cum este călătoria ta așa este și călătoria ei.

Relaţiile construite pe nevoi sunt de scurtă durată.

Dacă eu intru într-o relaţie cu o femeie doar pentru a avea un partener sexual, în afară de sex nu va fi nimic între noi. Ea, pentru că nu primeşte suficient din ce are ea nevoie, va încerca să mă schimbe. Pentru că va încerca să mă schimbe şi să-mi reproşeze anumite lucruri, eu nu mă voi simţi apreciat şi mă voi închide în mine. În final, după multe certuri, vom ajunge la concluzia că relaţia nu funcţionează şi ne vom despărţi.

Ingredientul secret într-o relaţie

Vreau să priveşti o relaţie cu o femeie ca o echipă pe care o formaţi voi doi. Orice echipă funcţionează pe baza unui parteneriat. Orice echipă are o misiune comună. Are un obiectiv bine stabilit şi valori pe care le împărtăşesc amândoi. Când spun că o relaţie extraordinară se bazează pe "dorinţe" exact la aceste lucruri de mai sus mă refer.

Prima etapă:

Am întâlnit o femeie, îmi place de ea, ea e atrasă de mine, sexul e extraordinar, orgasme multiple amândoi. Ea nu are nevoie de mine, eu nu am nevoie de ea. Când spun "nevoie" mă refer la dependenţă. Eu ca bărbat nu sunt salvatorul ei şi nici ea ca femeie nu este salvatoarea mea. Eu o doresc însă nu am nevoie de ea. Şi ea mă doreşte însă nu are nevoie de mine.

A doua etapă:

Putem să formăm o echipă împreună? Depinde. Şi tocmai pe acest "depinde" se formează o relaţie. Dacă împărtăşim valori comune, atunci avem pe ce să construim.

Perfect. Următorul lucru pe care e firesc să îl facem, ca în orice parteneriat este să vedem ce aşteptări are celălalt. De cele mai multe ori intrăm într-o relaţie fără să ştim ce aşteptări are celălalt de la noi. În schimb ne bazăm foarte mult pe presupuneri. Faci ceva pentru partenera ta, poate o surpriză şi vezi că reacţia ei nu e pe măsură. Poate că ea îşi dorea altceva. Cum ai putea şti dacă ea nu ţi-a spus? (dacă ţi-a spus şi nu ai auzit asta e altă problemă)

Comunicarea în cele mai multe relaţii funcţionează la ghici. Ea trebuie să ghicească ce îţi place ţie şi ce vrei tu.

La fel şi ea se aşteaptă ca tu să ghiceşti în stele ce o face pe ea fericită.

Cel mai sănătos ar fi să-i spui ce aşteptări ai de la această relaţie, ce e important pentru tine, ce îţi place să faci, ce îţi place să ţi se facă, cât de des...etc...(nu e vorba de prostii dar le includem şi pe ele).

Este exact ca un contract în care fiecare spune ce vrea şi ce aşteptări are. Iar acest contract se renegociază periodic. Măcar o dată pe an când vă sărbătoriţi relaţia. Prin această "negociere" şi prin identificarea "valorilor" ştiţi de fapt pe ce se bazează relaţia voastră şi care este direcţia ei dincolo de sentimentele pe care le împărtăşiţi împreună.

Foarte important de reţinut este ca toată comunicarea în cuplu să fie prin prisma atitudinii Eu+, Tu+, pe care am prezentat-o la începutul acestei cărţi.

Prin critici şi insulte nu veţi ajunge nicăieri. Mai ales că tu eşti bărbat, tu ai puterea să rămâi mai centrat emoţional în faţa provocărilor.

Cu siguranţă vor apărea conflicte. O etapă importantă în formarea fiecărei echipe este gestionarea conflictelor. Ţine minte că aşa cum pentru tine, relaţia este o provocare aşa este şi pentru ea. Nu e de mirare că se va manifesta în moduri necunoscute ţie până atunci. Este un proces nou în care se descoperă şi ea în relaţie cu tine. Mulţi bărbaţi spun că femeia într-o relaţie se schimbă. Nu e adevărat: se dezvoltă! Iar dacă tu eşti acolo lângă ea ai toate motivele să fii mândru de asta pentru că şi tu, prin implicarea ta, ai creat contextul dezvoltării ei.

Aşadar primeşte conflictele cu înţelepciune. Acestea reprezintă de fapt oportunitatea prin care înveţi lucruri noi despre tine. Tot ceea ce se întâmplă, toate provocările pe care le primeşti din partea ei, nu au aşa mare legătură cu ea, ci în mare parte cu tine. Crede-mă că şi dacă ai schimba femeia tot în punctul ăsta ai ajunge. Aşadar provocarea ta numărul unu când ajungi în astfel de situaţii, nu e să schimbi femeia, ci să înveţi cum să te dezvolţi ca bărbat, prin oportunitatea pe care ţi-o oferă, pentru a reuşi să trăieşti lângă femeia pe care o iubeşti.

Pentru că de asta eşti cu ea nu? O iubeşti şi ăsta este un lucru extraordinar. Dacă şi ea te iubeşte pe tine, vei simţi asta şi de cele mai multe ori, iubirea ei este cea mai mare sursă de motivaţie pentru a depăşi provocările.

Nici un speaker motivaţional nu te poate mobiliza mai puternic decât o femeie care te iubeşte şi are încredere în tine.

Ok, o iubeşti însă nu îţi place ceva la ea sau cum se comportă cu tine într-o anumită situaţie. Iarăşi e vorba despre tine. Cea mai mare greşeală pe care o poţi face este să încerci să o schimbi. Ce poţi să faci în situaţia asta este să te schimbi pe tine. În felul ăsta, pentru că tu ai devenit alt bărbat şi ea va deveni cu siguranţă altă femeie. Ajungem tot la dezvoltarea personală care este o investiţie continuă.

Eu îţi vorbesc ţie aici însă în aceeaşi măsură este şi călătoria ei. Spun că tu ai o putere mai mare pentru că de regulă bărbatul dă tonul într-o relaţie, iar femeia se dă după el. Femeia ta nu este decât o reflexie a ta şi de cele mai multe ori puterea de a face lucrurile să se întâmple stă în puterea ta.

Dacă tu simţi că ai dat 100% şi că eşti bărbatul ideal şi că nu are ce să-ţi reproşeze, dacă tu simţi în sufletul tău că ai făcut tot posibilul pentru a te dezvolta ca partener şi cu toate acestea relaţia nu funcţionează nu înseamnă că ea este problema. Pur şi simplu aveţi un conflict la nivel de valori şi urmarea firească este ca voi doi să vă vedeţi fiecare de viaţa lui.

Nu sunteţi primul cuplu care se desparte. Ideea e să o faceţi în cunoştinţă de cauză şi cu iubire. În nici un caz nu recomand ca tu să te sacrifici pentru ea sau ea să se sacrifice pentru relaţie. Scopul unei relaţii ar trebui să fie fericirea. Dacă tu eşti fericit singur, de ce nu ai fi şi într-o relaţie?

Asta înseamnă să-l încurajezi pe celălalt să fie aşa cum este, cu nevoile şi dorinţele sale, cu visurile lui cele mai îndrăzneţe şi cu fricile cele mai ascunse. Dacă voi doi împreună, vă descoperiţi frici şi vi le depăşiţi, dacă creşteţi împreună ca oameni pentru că vă daţi aripi încurajându-vă să vă urmaţi visurile atunci aveţi mulţi ani în faţă.

Sper că nu te-am speriat cu atâtea idei. Relaţiile sunt frumoase, iar dacă citeşti această carte, am încredere că eşti un bărbat care merită şi care e capabil de o relaţie extraordinară cu o femeie frumoasă.

Cele mai importante trei valori pentru o relaţie extraordinară

De la David X[5], am învăţat să le întreb pe femeile pe care le întâlneam, care cred ele că sunt cele mai importante trei lucruri pentru ca o relaţie să funcţioneze.

Chiar vreau să te gândeşti şi tu care sunt trei, cele mai importante valori într-o relaţie?... ok ?

Indiferent care crezi tu că sunt cele mai importante pentru tine, după ce o să-ţi spun varianta mea sunt sigur că o să-mi dai dreptate. Atât de mult cred în aceste trei valori. Şi până acum nu am întâlnit nici o femeie care să mă contrazică.

Te-ai gândit care sunt cele trei ?

Îţi mai dau un indiciu: aceste trei valori sunt atât de puternice, încât sunt valabile pentru orice fel de relaţie, indiferent că vorbim de relaţia cu o femeie, cu părinţii tăi sau cu alt bărbat.

Aceste trei valori reprezintă fundamentul pe care poţi să construieşti relaţii sănătoase atât cu femeile pe care le doreşti cât şi cu celelalte persoane din cercul tău social, profesional sau personal. Eşti gata? Super!

Aceste trei lucruri, cele mai importante sunt: Încrederea, Sinceritatea şi Respectul.

Ştiu că nu am obţinut un efect Wow. Şi mai ştiu că tu te-ai gândit cel mai probabil la altele. Poate că ai zis iubire, încurajare, înţelegere, pasiune, atracţie sau alte valori importante pentru tine.

---

[5] Trainer de mindset pentru bărbaţi

Felicitări! Cu ocazia asta ţi-ai amintit care sunt acele valori importante pentru tine şi în plus ai descoperit şi acele valori importante pentru funcţionarea unei relaţii.

De cele mai multe ori, femeile pe care le întrebam nimereau una sau două dintre aceste trei valori.

Cea mai uşor de intuit este Sinceritatea. Asta înseamnă că este o valoare care contează cu adevărat şi în care femeile chiar cred (şi nu doar ele).

A doua pe lista celor intuite este Încrederea. Şi încrederea este la fel de importantă precum Sinceritatea. Sunt foarte multe situaţii când oamenii suferă pentru că ceilalţi nu au încredere în ei. De aceea, cei mai mulţi dintre noi, facem ceea ce facem pentru a le demonstra celorlalţi cât de buni şi valoroşi suntem, pentru a primi votul lor de încredere.

Cea mai puţin intuită dintre cele trei valori este Respectul. Vrem să ne simţim importanţi. Vrem să simţim că ceilalţi ne respectă şi apreciază. Poate că tu ai spus că cele trei valori pe care se construieşte orice relaţie sunt: Sinceritatea, Iubirea şi Comunicarea. Cum ne dăm seama care dintre noi e mai aproape de adevăr?

Te poţi întreba următoarele:
Poţi să oferi iubire şi să comunici eficient cu o persoană în care nu ai încredere sau care nu are încredere în tine? Poţi să oferi iubire şi să comunici eficient cu o persoană care nu te respectă sau pe care nu o respecţi?

Destul de greu, zic eu.

Cum e spre exemplu, relaţia cu mama ta, când ea te tratează ca pe un copil deşi tu ai 30 de ani, iar tu vrei să te trateze ca pe un adult şi să nu-ţi mai spună tot timpul ce e corect să faci? Tu vrei de fapt ca ea să aibă ÎNCREDERE în tine că eşti capabil să iei propriile decizii. Lipsa de încredere duce la o comunicare defectuoasă şi o relaţie în care acumulezi multe frustrări (atât din partea ta, pentru că ea nu are încredere să te trateze ca pe un adult dar şi din partea ei pentru că niciodată nu o asculţi şi nu faci cum spune ea).

Concluzia e următoarea:

Indiferent în ce fel de relaţii intri fii atent şi construieşte-le pe baza următoarelor trei valori: Încredere, Sinceritate şi Respect.

O relaţie nu este o promisiune pe termen lung ci un parteneriat care se renegociază periodic sub umbrela sincerităţii şi libertăţii.

Uite care e problema:

Suntem învăţaţi de mici, prin tot felul de filme, că o relaţie de iubire cu o anumită persoană va dura veşnic. Există extraordinara posibilitate ca aşa să se întâmple. Însă una este să o priveşti ca o posibilitate şi este cu totul altceva să o priveşti ca o aşteptare.

Inconştient suntem învăţaţi să credem că iubirea este veşnică. Poveşti care se termină prin "şi au trăit fericiţi până la adânci bătrâneţi" sau filme în care protagoniştii îmbătrânesc împreună, ne fac să credem şi să ne aşteptăm că aşa va fi şi în cazul nostru.

Greşeala pe care o facem (şi bărbaţii şi femeile) este că facem promisiuni pe termen lung pe baza unui sentiment pe termen scurt. Sunt atras de tine acum, te doresc şi îţi promit că aşa va fi mereu. Este o mare minciună. Şi te păcăleşti singur (şi pe tine şi pe ea) dacă crezi asta. De ce spun asta? V-aţi întâlnit acum şi sunteţi doi oameni extraordinari. Ce te face să crezi că peste zece, nu veţi fi la fel de extraordinari însă total diferiţi faţă de cum sunteţi acum?

Cu siguranţă că veţi fi diferiţi pentru că oamenii evoluează. Indiferent dacă îşi propun sau nu ei se schimbă. Practic după zece ani este ca şi când aţi fi alte două persoane total diferite pentru că interesele voastre şi viaţa voastră a luat-o în direcţii diferite.

Îţi spun asta, pentru că majoritatea cuplurilor se culcă pe o ureche după ce îşi fac marea promisiune. Ea începe să nu mai aibă grijă de ea ca înainte, se îngraşă, iar tu începi să nu-i mai dai aceeaşi atenţie pentru că deja ai cucerit-o.

Acea promisiune şi aşteptare pe care aţi creat-o în mintea voastră că iubirea voastră va fi eternă, vă distanţează tot mai mult. Nu ar fi mai frumos, natural şi sănătos să accepţi că o relaţie înseamnă "îmi place de tine astăzi...vreau să te întâlnesc şi mâine..."?

În felul acesta sărbătorim momentul prezent. În felul acesta nu mai facem promisiuni deşarte pentru un viitor care nu e sigur. În loc să avem un viitor previzibil şi plictisitor, de ce să nu fim atenţi să ne iubim astăzi, pentru a simţi dacă ne dorim să facem asta şi mâine.

Şi tot aşa, până când dezvoltarea firească a fiecăruia ne duce pe drumuri diferite. Sau ne uneşte mai tare decât a făcut-o vreodată!

În felul acesta nu o "ai" şi nici ea nu te "are" pe tine până la adânci bătrâneţi. Însă asemenea polilor unui magnet sunteţi diferiţi, unici şi întotdeauna împreună.

Tu oricum o poţi pierde pe femeia de lângă tine oricând, indiferent dacă v-aţi făcut jurăminte. Nu te culca pe o ureche. Dacă accepţi faptul că veşnicia nu stă într-o promisiune ci într-un act zilnic de atenţie, iubire şi recucerire, o vei avea cât mai mult timp lângă tine. Practic tu nu ai cum să o ai niciodată. Pentru că ea nu este un bun care îţi aparţine. Ea este a ei însăşi şi a nimănui altcuiva. Vrei să stea lângă tine pentru că ea alege asta. Dacă te bazezi pe promisiuni şi pe angajamente făcute în urmă cu ani de zile şi nu priveşti relaţia cu sinceritate şi deschidere, nu vei şti niciodată dacă ea îşi doreşte cu adevărat să fie cu tine. Nu o vei şti însă o vei simţi.

De aceea îţi recomand să sărbătoriţi şi să "renegociaţi" periodic relaţia voastră, sub umbrela libertăţii. Poate că libertatea este o altă valoare la fel de importantă ca cele trei mai sus amintite.

Eu cred sincer că o femeie este ca un fluture ce se aşează gingaş în palma ta. Este un moment de maximă vulnerabilitate pentru ea şi de maximă admiraţie pentru tine.

Ce fac majoritatea bărbaţilor când au în palmă o asemenea frumuseţe?

Strâng pumnul din dorinţa de a păstra acest fluture pentru cât mai mult timp. Am să te iubesc pentru totdeauna, adaugă ei. Acum te întreb ce crezi, că-şi doreşte orice fiinţă pe care ai încolţit-o în pumnul tău? Ce crezi că-şi poate dori cel mai tare în asemenea momente?

Exact...libertatea.

Faptul că tu o ţii strâns înseamnă că e posibil să-ţi fie teamă că dacă deschizi pumnul, o să-şi ia zborul şi nu o să se mai întoarcă niciodată. Teama asta spune că în adâncul sufletului tău, tu crezi că nu eşti suficient de bun pentru ca ea să-şi dorească să se mai întoarcă. Observi că tot la tine ne întoarcem, la încrederea ta în tine, în iubirea ta de sine şi la încrederea că ai o forţă extraordinară de a face o femeie fericită.

Ai o putere extraordinară.

Deschide pumnul. Admiră frumuseţea ce trăieşte în palma ta. Dacă bate vântul, ţine-i paravan ca să o protejezi. Bucură-te de momentul prezent. Acum este lângă tine. Nu poţi să simţi bucuria pentru ceva ce va fi în viitor. Lasă promisiunile deoparte, oferă libertatea momentului prezent în schimb.

Dacă alege să-şi ia zborul bucură-te pentru momentele petrecute împreună. Dacă alege să se întoarcă, eşti un bărbat norocos şi cu adevărat fericit pentru că acum ai început să simţi ce înseamnă cu adevărat iubirea. Iubirea nu poate izvorî decât din libertate.

Descoperă cele cinci limbaje ale iubirii

Tu şi ea aveţi limbaje diferite prin care vă exprimaţi iubirea.

Un lucru interesant pe care l-am descoperit în anii petrecuţi alături de minunata mea iubită este că deşi ne dorim acelaşi lucru, iubirea, o exprimăm în feluri diferite.

Când e vorba de iubire, comunicăm prin limbaje diferite. Provocarea este să devenim conştienţi de limbajul celuilalt şi să învăţăm să-l recunoaştem şi să comunicăm folosind acelaşi limbaj. Poţi să fii alături de o femeie pe care o iubeşti şi să apară anumite conflicte în relaţii pentru că nu aţi învăţat să vă ascultaţi cu adevărat.

Ajungi în situaţia în care chiar dacă tu ca bărbat simţi că faci totul pentru ea, nu înţelegi de ce ea îţi reproşează că nu o asculţi niciodată sau că nu o mai iubeşti ca la început.

Am spus mai devreme tot la partea de relaţii că partenera nu are cum să ghicească ce anume îţi doreşti tu exact de la ea aşa cum nici tu nu ai cum să ghiceşti ce anume îşi doreşte ea de la tine. În această idee ţi-am recomandat să discutaţi foarte clar şi să vă expuneţi aşteptările unul altuia.

Pe lângă această etapă de discuţie iniţială este foarte important să te antrenezi să asculţi dincolo de cuvinte. Practic, dacă eşti atent la partenera ta, aceasta îţi va transmite ce anume preţuieşte cel mai mult în relaţie.

Există cinci limbaje ale iubirii. Acestea sunt limbajele prin care voi ca parteneri vă arătaţi iubirea unul faţă de celălalt. Acestea cinci sunt următoarele:

> ➤ Timpul pentrecut împreună
> ➤ Mângâierile şi atingerile
> ➤ Cuvintele de încurajare
> ➤ Serviciile
> ➤ Cadourile

Fiecare dintre noi, comunicăm cu partenerul de viaţă prin perspectiva a două dintre ele, cele mai importante pentru noi. Acestea sunt cele prin care noi am primit iubire de la părinţii noştri.

Eu spre exemplu, am fost alăptat mai mult decât alţi copii şi eram întotdeauna îmbrăţişat şi mângâiat de mama mea, înainte să adorm. Unul dintre limbajele mele dominante este cel al mângâierilor. De aceea, cred eu, sunt o fire mai sexuală. În felul ăsta, primesc atingerile şi mângâierile necesare pentru a mă simţi iubit.

Al doilea limbaj al meu este cel al serviciilor. Ambii mei părinţi au avut grijă să nu-mi lipsească nimic când eram acasă. Chiar şi când am plecat la liceul militar, departe de casă, au avut grijă să-mi trimită pachete şi de fiecare dată când veneam acasă, mama gătea cât pentru un pluton întreg.

Drept urmare am o slăbiciune pentru femeile care ştiu să gătească. Mângâierile şi Serviciile sunt canalele prin care eu primesc şi ofer iubire. Fiind învăţat de mic, în cadrul familiei, cu acestea două, ca adult nici nu realizez că există şi altele. Şi eu comunic la fel cu femeia cu care sunt în relaţie. Tendinţa firească este să îi ofer îmbrăţişări[6], mângâieri şi multă plăcere prin momente de maximă intensitate sexuală şi de asemenea să fac anumite servicii pentru ea.

---

[6] Aşa cum contactul vizual este aur în partea de atracţie, tot aşa sunt şi îmbrăţişările în partea de relaţie. *A hug a day, keeps the doctor away !*

Multă vreme nu am am înţeles de ce nu reacţionam deloc când primeam cadouri. Pentru mine nu înseamnă nimic. În familia mea, chiar şi când era ziua mea, nu primeam multe cadouri de la membrii familiei. Cadoul cel mai mare era că îmi organizau ziua, deci tot un serviciu.

Nici nu am fost încurajat foarte des. Eram considerat timid şi cred că asta a fost o scuză suficientă şi pentru mine şi pentru părinţii mei, pentru a lăsa lucrurile aşa cum sunt. Ba chiar am primit şi cartea Ghidul Timidului, însă asta este altă poveste.

Referitor la timpul petrecut împreună nici nu se pune problema. Mama era plecată toată ziua la servici, iar când venea acasă începea al doilea servici: serviciile pentru întreţinerea familiei. Tata şi el la fel: de cele mai multe ori când venea de la muncă avea de lucru în particular.

Ironia sorţii este că Gianina, iubita mea are ca limbaj principal de iubire, exact timpul petrecut împreună. Surpriză totală pentru mine!☺

Ea simte că este iubită când petrecem timp împreună. Şi vrea să petrecem mai mult timp împreună. Eu în schimb obişnuiam să fac ce ştiam cel mai bine, adică servicii. Mintea mea lucrează în permanenţă ca să facă ceva să ne fie mai bine. Am fost surprins total când am aflat că asta nu contează aşa mult pentru ea pe cât mă aşteptam eu să conteze. Eu mă zbăteam să fac lucrurile să se întâmple şi pentru ea nu conta. Credeam că toată lumea e la fel ca mine....☺

Nu spun că nu contează deloc serviciile şi că nu apreciază ceea ce fac pentru ea, însă fără să petrecem timp împreună ca doi oameni care se iubesc, toate serviciile mele valoreaza zero pentru ea. Pentru că ea pune timpul petrecut împreună pe primul loc. Dacă bărbatul pe care ea îl iubeşte petrece timp împreună cu ea, atunci şi ea se simte iubită. Ceea ce m-a salvat în această relaţie este faptul că al doilea limbaj al ei este comun şi pentru mine: Mângâierile şi Atingerile !

Yes baby. Rock & Roll! ☺

Din punctul ăsta de vedere am făcut o echipă bună de la început. Iar în ceea ce privesc celelalte două limbaje, avantajul meu este că ştiam de ele dinainte să mă cunosc cu ea. Eram pregătit şi mă aşteptam să fim diferiţi însă nu le-am identificat decât după ce a trecut ceva timp (pe care nu l-am petrecut împreună de la început).

Aşadar provocarea pentru tine, atunci când intri într-o relaţie, este să identifici care sunt cele două limbaje dominante ale iubitei tale şi să comunici prin cele două limbaje. Te ajută foarte mult să discutaţi despre aceste lucruri şi să-i împărtăşeşti şi ei ce ai descoperit despre voi.

Mai multe despre cele cinci limbaje ale iubirii găseşti în cartea "Cele cinci limbaje ale iubirii" de Gary Chapman.

Cum să gestionezi conflictele

Conflictele sunt inerente în orice fel de relaţie cu atât mai mult cu cât e vorba de o relaţie dintre două persoane care se iubesc. Ca în orice echipă, ele vor apărea imediat ce relaţia începe să se consolideze.

Aici contează foarte mult atitudinea ta (şi a ei) în faţa conflictelor. Eu îţi recomand să fii deschis în faţa lor, iar atunci când apar să le primeşti cu înţelepciune. Orice conflict, îţi oferă o posibilitate extraordinară de a creşte. Reţine treaba asta: problema în relaţiile de astăzi nu o reprezintă conflictul, ci modul cum reacţionăm atunci când acesta apare.

De mici suntem învăţaţi să evităm conflictele. Iar atunci când acestea apar, ori ne prefacem că nu există şi le ţinem în noi, ori abandonăm relaţia şi ne căutăm alt partener. Mutăm sicriul de pe un umăr pe celălalt, mai ţii minte? ☺

Cea mai sănătoasă atitudine este să înţelegi că fiecare conflict îţi oferă ţie ca persoană o şansă de a creşte.

Practic, într-o relaţie se creează contextul cel mai potrivit pentru ca tu să te dezvolţi personal. Dacă tu nu îţi rezolvi provocarea care ţi se ridică la fileu, cea mai mare probabilitate este că această provocare va continua să apară în viaţa ta indiferent câte partenere vei schimba. Nu e de mirare că o mulţime de bărbaţi consideră că femeile sunt imposibile sau de neînţeles. Şi viceversa este valabilă.

Dacă priveşti cu atenţie, orice conflict aduce cu el o lecţie extraordinară ce poate fi învăţată. O lecţie care nu poate fi învăţată în nici o şcoală. O lecţie pe care ţi-o oferă partenerul de viaţă în contextul relaţiei. Fii recunoscător pentru asta, atât ei cât şi ţie, pentru că amândoi aţi creat contextul.

Ok, am spus că orice conflict este o oportunitate şi o lecţie extraordinară prin care creşti.

Ce faci concret când apar conflictele ?

E clar că vei fi năpădit de emoţii. Acceptă-le indiferent de natura lor. Simte că toate aceste emoţii au mai mult legătură cu tine decât cu cealaltă persoană.

Primul pas este să-ţi acorzi timp să te linişteşti. În momente de tensiune poate fi greu să te linişteşti. În astfel de momente tensionate, eu personal mă întreb: "o iubesc pe persoana din faţa mea?". Apoi următoarea întrebare pe care să ţi-o pui este "ok...care este lecţia pe care o pot învăţa din această experienţă?...ce înseamnă toate acestea pentru mine?".

Reţine că, într-un conflict, totul are legătură cu tine. Dacă începi să dai vina pe celălalt şi să acuzi (chiar şi mental numai) practic tu pui problema în exterior şi fiind în exterior tu nu mai ai puterea asupra ei. Pentru că nu mai ai puterea asupra ei şi nu o poţi rezolva tu, te vei simţi ca o victimă. Te vei simţi lipsit de putere şi te vei retrage tot mai mult în tine.

Însă tu eşti un bărbat extraordinar. Atât lecţia, provocarea cât şi rezolvarea ei sunt la tine. Important este să înţelegi despre ce lecţie este vorba. La fel de important este să sesizezi ce simţi tu în momentul de faţă, să înveţi lucruri valoroase şi să te decizi cum vei acţiona diferit data viitoare.

Poate că iubita ta te acuză de ceva ce tu nu ai făcut. Iubita ta e supărată pe tine. Înainte să intri în jocul ei şi să începi să te scuzi sau mai rău să acuzi, înţelege că aici e vorba mai mult despre ea nu despre tine. Lecţia pentru tine este să nu devii reactiv (să acuzi sau să te scuzi) ci să fii cât mai prezent. Cât mai prezent! Foarte prezent!

Sesizează cum te simţi şi înţelege că nu are legătură cu tine. Vezi dincolo de cuvinte. Ascultă cu atenţie. Mulţumeşte-i pentru că ţi-a împărtăşit durerea ei. Întreab-o ce înseamnă pentru ea toate acestea...cum se simte... şi ce vrea să facă diferit! (ce vrea să facă ea diferit, nu ce vrea ca tu să faci diferit)

Dacă îţi aruncă vorbe grele, priveşte-o cu iubire şi ascult-o în continuare (tot ceea ce spune are legătură doar cu ea şi extrem de puţin cu tine. Vor ieşi la iveală nişte tipare de suferinţă, poate din copilărie. Important este să-i dai timp să le conştientizeze. Aici e vorba de călătoria ei, de aceea e important să o susţii şi să nu intervii în proces, fără să dai soluţii, doar să o susţii).

Apropie-te de ea şi oferă-i o îmbrăţişare. Poate că e greu să o îmbrăţişezi după ce te-a făcut cu ou şi cu oţet însă despre asta e iubirea până la urmă nu. Când celălalt are o lecţie importantă de descoperit fii acolo lângă ea şi susţine-o. Şi tu vei învăţa un lucru valoros.

STOP: Abţine-te să dai sfaturi şi soluţii. Nu sări în rolul salvatorului. Este suficient de matură încât să-şi găsească propriile soluţii. Doar fii acolo pentru ea. De cele mai multe ori o să vezi că tot ce are nevoie de la tine este să fii acolo lângă ea şi să îi oferi o îmbrăţişare.

Fii prezent în tot ceea ce se întâmplă ca şi când ai avea lângă tine o femeie extraordinară, puternică, frumoasă, iubitoare, capabilă de lucruri măreţe. Aşa şi este. Uită-te cu atenţie şi vei descoperi tot mai multe dintre aceste calităţi.

Iar când ai o asemenea atitudine, iubita ta se va comporta conform aşteptărilor tale.

Poţi să ai o relaţie extraordinară cu femeia pe care o iubeşti.

Drag prieten, te felicit că ai ajuns până aici. Ne apropiem de sfârşitul acestei cărţi şi sunt sigur că şi pentru tine, la fel ca şi pentru mine, această călătorie a meritat începută.

Am toată convingerea că ai descoperit şi ai adus la suprafaţă toate acele resurse prin care să întâlneşti, să cucereşti şi să păstrezi o femeie exact aşa cum îţi doreşti.

Şi aşa cum ai observat deja, această călătorie nu este una pe care să o parcurgi de unul singur. Acum eşti pregătit să oferi darul tău de masculinitate unei femei speciale. Ia-o cu tine în această călătorie extraordinară. Nu o transforma pe ea în călătoria ta pentru că nu îi va place asta.

Pătrează-ţi focusul pe a te descoperi pe tine ca bărbat în fiecare zi şi aşa o vei inspira şi pe ea să se dezvolte alături de tine. Creşte-ţi împreună ca o echipă minunată. Cele mai multe relaţii sunt destinate să nu dureze. Fiţi voi doi un exemplu de relaţie extraordinară. În felul acesta îi veţi inspira şi pe cei care au încetat să creadă că aşa ceva este încă posibil. Lumea în care trăim are nevoie de mai multe exemple. Voi puteţi fi următorul. Tu ca bărbat şi ea ca femeie.

Nici nu ştii cât de aproape eşti să începi o relaţie extraordinară!

Este vorba despre energie şi iubire, despre a te iubi pe tine în primul rând şi de a transmite această iubire mai departe.

Păstrează atracţia vie. Dacă o iubeşti şi îi oferi atenţie, orice femeie va străluci în preajma ta şi lumina ei te va aprinde şi mai mult. Tu ca bărbat ai extraordinara putere de a stabili direcţia şi a propune contextul în care ea să crească şi să strălucească în energia ei feminină.

Eliberez-o sexual, încurajeaz-o să experimenteze lucruri noi alături de tine şi să dea viaţă fanteziilor ei.

Trateaz-o ca şi când ar fi cea mai extraordinară femeie. Cea mai extraordinară iubită. Aşa şi este de fapt. De unde ştiu?

Pentru că şi tu eşti un bărbat extraordinar!

– PARTEA A IV-A –
CUM SĂ ÎNCEPI DE LA ZERO,
SĂ CUNOȘTI ȘI SĂ CUCEREȘTI
FEMEI ATRĂGĂTOARE ÎN MAI PUȚIN
DE 7 SĂPTĂMÂNI – PLANUL DE
ACȚIUNE RECOMANDAT

"Singura răspundere adevărată este față de propriul tău potențial, față de propria ta inteligență și conștiență, față de acțiunea conformă cu ele."

- Osho

Am luat prima dată contact cu comunitatea de dezvoltare personală pentru bărbaţi undeva prin 2006. Mi-au trebuit aproximativ cinci ani ca să obţin rezultate consistente.

În afară de articolele pe care le citeam pe diverse site-uri nu era nimeni care să mă înveţe lucrurile de care aveam cu adevărat nevoie. Abia mai târziu au apărut în Romania, evenimente special pentru bărbaţi care să abordeze subiectul atracţie, încredere şi relaţii.

În acei cinci ani care s-au scurs, am încercat toate metodele pe care le aveam la dispoziţie şi îmi aduc aminte că am făcut fiecare greşeală posibilă. Comunitatea era la început. În plus, toată chestia asta cu "seducţia femeilor" te făcea cumva să pui foarte multă presiune pe tine şi deveneai cumva perfecţionist în jocul atracţiei.

Ajungeai să gândeşti că jocul tău trebuia să fie impecabil dacă vroiai să ai succes cu o femeie, să obţii un număr de telefon, să o săruţi de la prima întâlnire şi să ajungi cât mai repede la sex. Trebuia să fii conştient de toate variabilele care puteau apărea într-o interacţiune cu o femeie şi să fii pregătit pentru asta.

E drept, la început, comunitatea asta era foarte focusată pe tehnici şi pe metode. Era foarte mult focusată pe ceea ce se întâmplă în exterior. După acei cinci ani, lucrurile au început să se schimbe pentru mine. Am obţinut femeile pe care mi le doream şi totuşi nu eram fericit. Aveam parte de sex mai mult ca niciodată, mai sălbatic ca niciodată, însă cu toate astea ceva lipsea. Nu obţinusem fericirea la care mă aşteptam.

Rămăsesem cu un gust amar pentru că aveam impresia că am pierdut cinci ani din viaţa mea, urmărind un vis care nu era al meu de la început. Visul era al comunităţii: cunoaşte cât mai multe femei! Mi-am dat seama că singurul lucru după care tânjeam cu adevărat era fericirea mea proprie. După cinci ani de zile am descoperit cu adevărat ce îmi doream şi am început să merg la cu totul altfel de cursuri de dezvoltare personală.

Fericirea ta proprie, independentă de ce gândesc sau ce planuri au ceilalţi pentru tine, este singurul şi adevăratul motiv pentru care ai cumpărat această carte şi ai parcurs-o până aici.

Dacă eşti singur şi în căutare de o parteneră poate fi mai greu de digerat pentru tine, însă am vrut să îţi spun acest lucru pentru că mie nu a avut cine să-mi spună în urmă cu ani de zile când am început această călătorie. Dacă mi-ar fi spus cineva, iar eu aş fi început să mă pun pe primul loc şi să fac doar lucrurile care mă duc mai aproape de fericirea mea personală, probabil că toată călătoria mea ar fi fost mult mai scurtă.

Cel mai probabil tu nu ai cinci ani la dispoziţie pentru această călătorie. Sunt sigur că vrei rezultate acum, nu peste cinci ani.

Acesta este motivul pentru care am scris această carte. Am scris cartea pe care eu mi-aş fi dorit să o primesc în urmă cu ani de zile când eram confuz şi nu ştiam ce să fac mai întâi.

În continuare, am să-ţi prezint un program de şapte săptămâni prin care tu poţi să începi să cunoşti şi să atragi femei de nota zece. Femeile pe care ţi le doreşti. **Deci nu în cinci ani, ci în şapte săptămâni.**

Acest program este împărţit pe misiuni ce vizează formarea calităţilor de bază pentru a interacţiona atrăgător cu sexul frumos.

Scopul programului, nu este să te transformi într-un bărbat perfect. Nu există aşa ceva.

Scopul programului este să începi să acţionezi. Atât!

Nu există bine sau rău. Un al doilea scop este ca tu să faci cât mai multe greşeli posibile. Când ai făcut o greşeală felicită-te. Apoi gândeşte-te ce anume poţi învăţa din ea. Îţi garantez că cu cât îţi dai voie să greşeşti mai mult cu atât mai repede vei avea ceea ce îţi doreşti. Cei mai mulţi bărbaţi, rămân pe loc pentru că fug de greşeli. Fă din asta un avantaj pentru tine.

Un lucru e sigur: După ce ai devenit conştient de ce ai făcut greşit, nu ai cum să repeţi aceeaşi greşeală de două ori. Practic cu cât greşeşti mai mult cu atât devii mai bun şi într-un timp poate de zece ori mai rapid.

Îţi mai spun un secret. Oricum vei face greşeli, fie că vrei, fie că nu vrei. Însă atunci când le îmbrăţişezi şi eşti deschis pentru ele, acestea nu te vor mai afecta.

Îmbrăţişând greşelile, vei deveni de neoprit.

Acest program este proiectat pentru ca tu să câştigi în jocul dragostei. Cu o atitudine deschisă în faţa greşelilor, nu ai cum să pierzi.

Acest program este ca un joc, durează şapte săptămâni şi are doar două reguli:

1. Joacă-te ca să te distrezi. Dacă nu te simţi bine jucându-l, ce rost mai are să-l joci, nu-i aşa?

Aşa că nu te lua prea în serios, în timpul acestui joc. Fii relaxat şi degajat. Dacă te surprinzi vreodată prea serios, poţi să te tachinezi un pic şi să-ţi aduci aminte pentru ce joci. Aşa că scopul tău, în acest joc, nu este să seduci femeile pe care le întâlneşti. Scopul tău este să te simţi bine.

2. Antrenează fiecare calitate, una după alta, pe rând.

Nu pune presiune pe tine. Nimeni nu este perfect. Nici măcar eu, autorul cărţii. (deşi mi-ar fi plăcut mult să fiu ☺)

Jocul este împărţit pe şapte săptămâni, câte o nouă calitate pentru fiecare săptămână.

Vei învăţa cum să interacţionezi atrăgător cu femeile, cum să obţii întâlniri şi cum să conduci interacţiunea de la primul zâmbet până la intimitate. Sună bine?

Vei începe cu prima săptămână, urmând să le parcurgi în ordine. Nu sări de la una la alta sau în nici un caz să încerci să le faci pe toate o dată, că nu funcţionează. Ai suficient timp, remember? Acordă-ţi şapte săptămâni în care să te dezvolţi ca bărbat.

Promisiunea mea, este că la sfârşitul acestei experienţe, vei fi transformat total ca atitudine şi ca mod de relaţionare cu femeile. Dacă parcurgi fiecare săptămână, în ordine, la sfârşitul celei de-a şaptea, vei fi câştigat de zeci de ori mai mult decât orice seminar de comunicare la care ai putea să participi.

Programul este gândit astfel încât tu să-ţi formezi următoarele competenţe:

Săptămâna 1 – FUNDAŢIA: Energie şi vibraţie socială. Cum să fii flacăra care îi aprinde pe ceilalţi

Săptămâna 2 – INFLUENŢĂ: Cum să schimbi starea celuilalt

Săptămâna 3 – CONEXIUNE EMOŢIONALĂ: Cum să vă cunoaşteţi cu adevărat

Săptămâna 4 – INDICATORI DE INTERES: Cum îţi dai seama că îi place de tine

Săptămâna 5 – ATRACŢIE: Cum să o faci să te dorească

Săptămâna 6 – SĂRUTĂRI ŞI ÎMBRĂŢIŞĂRI: Cum să o atingi astfel încât să îi placă

Săptămâna 7 – LEADERSHIP: Cum să propui pentru ca ea să te urmeze în fanteziile tale

Câteva cuvinte despre Frica de abordare

Bărbaţii care participă la programele noastre, vin cu dorinţa de a scăpa de fricile care îi ţin pe loc, în special frica de abordare.

"Scapă de frică!" este mesajul general de pe multe site-uri de dezvoltare personală. După mai multe experienţe noi am decis să avem altă abordare şi anume că nu trebuie să te lupţi cu tine pentru că ţi-e frică şi vrei să faci cumva ca frica să dispară. Dacă scapi de o frică acum, mâine va apărea alta.

Aşadar sfatul meu nu este să-ţi înfrunţi frica pe care o ai ci să o îmbrăţişezi. Nu mai consuma energie inutilă încercând să te lupţi cu fricile tale. Nu ţi se pare că ai obosit?

În plus am să te îndemn să faci ceva şi mai provocator. 95% dintre bărbaţi fug de fricile lor. Aşa am fost învăţaţi de mici. Eu te provoc să te îndrepţi către fricile tale pentru că prin ele, vei ajunge la zona de excelenţă, unde obţii cu uşurinţă toate acele lucruri pe care ţi le doreşti.

Frica nu este un lucru rău. Frica este cel mai bun prieten al tău pentru că îţi arată direcţia ta de dezvoltare, direcţia în care să te îndrepţi. Dacă nu ai nici o frică în momentul de faţă înseamnă că eşti în zona ta de confort, zona în care nimic nu se întâmplă pentru tine. Este zona în care nu creşti şi rămâi exact aşa cum eşti.

Dacă spre exemplu ţi-e frică să abordezi, mulţumeşte-i fricii că îţi arată direcţia de dezvoltare personală pe care poţi să o explorezi. Apoi abordează cu acea frică. Emoţiile te ajută să te conectezi mai uşor cu persoana pe care o ai în faţă. În loc să abordezi cu starea de conflict, în care te lupţi cu fricile tale, tu dai mâna cu frica ta şi te îndrepţi în direcţia pe care ţi-o doreşti. Adică abordezi. Faci cunoştinţă cu persoane noi.

O să observi că după câteva abordări şi interacţiuni, frica se distanţează de situaţia de abordare şi o să înceapă să îţi indice altă direcţie pe care să o explorezi. Şi tot aşa, vei face echipă cu frica, toată viaţa.

Aşadar, reţine că ai voie să-ţi fie frică şi e perfect normal. Însă ceea ce nu ai voie să faci ca bărbat, este să-ţi fie frică de frică.

Acum că ai lucrurile foarte clare şi că ai ales să faci parte din cei 5% care acţionează, nu mai rămâne decât un singur lucru pe care poţi să îl faci înainte de a începe Programul de şapte săptămâni: să-ţi iei angajamentul faţă de tine, că vei fi consecvent pe parcursul celor şapte săptămâni.

ANGAJAMENTUL MEU,
PENTRU PROGRAMUL DE ŞAPTE SĂPTĂMÂNI

Data.............................
Prin prezenta, îmi iau angajamentul să explorez şi să-mi exersez calităţile masculine, pe toată durata celor şapte săptămâni.

Voi exersa câte o nouă calitate în fiecare săptămână, iar în ziua a şaptea din fiecare săptămână, îmi voi acorda timp mie, pentru a mă sărbători ca bărbat.

De asemenea voi nota în jurnal, în dreptul fiecărei zile, câte o idee pe care am descoperit-o în interacţiunile mele.

Semnătura............................

Felicitări! Tocmai te-ai înscris în program şi eşti pregătit să începi. Întoarce pagina. A sosit momentul pentru a-ţi antrena prima calitate din cadrul Programului de şapte săptămâni. A sosit vremea să îţi schimbi viaţa.

NOTĂ: La sfârşitul celor şapte săptămâni, scanează fiecare pagină de jurnal, trimite-le pe adresa mea de email şi vei primi un cadou din partea mea.

Săptămâna 1 – FUNDAŢIA: Energie și vibraţie socială. Cum să fii flacăra care îi aprinde pe ceilalţi

În prima săptămână vei pune fundaţie pentru tot ceea ce urmează. De aceea în prima săptămână îţi vei antrena Contactul Vizual şi Zâmbetul.

Este foarte simplu. Ai o săptămână la dispoziţie în care să-ţi antrenezi această calitate.

Începe chiar de astăzi. Indiferent de mediul în care te afli, pe stradă, la servici, la metrou, efectiv în orice situaţie, antrenează-te să te uiţi în ochii oamenilor. Indiferent că sunt bărbaţi sau femei.

Apoi după ce le-ai prins privirea, începe să zâmbeşti subtil. Scopul în acest moment nu este de a cuceri pe nimeni, tocmai de aceea nu trebuie să fie un zâmbet seducător ci un zâmbet natural prin care transmiţi "te-am văzut, eu sunt ok, tu eşti ok, te salut şi îţi doresc o zi bună".

Asta e tot.

Restul variabilelor sunt la discreţia ta. Poţi face tot ceea ce doreşti atâta timp cât îţi respecţi misiunea şi angajamentul iniţial. Succes.

Pe pagina următoare ai fişa de jurnal pentru prima săptămână. În ziua a şaptea sărbătoreşte-te pe tine pentru lucrurile pe care le-ai învăţat despre tine în cele şase zile de dinainte.

Săptămâna 1 FUNDAŢIA – Energie şi Vibraţie Socială		
	Ce am învăţat (cât mai concret)	Ce pot să fac diferit (cât mai concret)
Ziua 1		
Ziua 2		
Ziua 3		
Ziua 4		
Ziua 5		
Ziua 6		
Ziua 7	Mă sărbătoresc pe mine pentru ceea ce am făcut în această săptămână.	(cât mai concret ce fac pentru a mă sărbători)

Săptămâna 2 – INFLUENȚĂ: Cum să schimbi starea celuilalt

În cea de-a doua săptămână, vei începe conversații și vei schimba starea interlocutorului. Scopul tău pentru această săptămână este să îl lași pe interlocutor mai bine decât l-ai întâlnit. Și acest antrenament poate fi făcut atât cu bărbații cât și cu femeile pe care le întâlnești în activitățile tale zilnice (la servici, la cumpărături, la bancă, posibilitățile sunt infinite).

Cum schimbi starea cuiva?

Primul lucru de care poți să ții cont este ca tu să ai starea potrivită. Din punct de vedere energetic să fii echilibrat și centrat (asta ai antrenat în prima săptămână). Apoi prin zâmbet. Așadar poți schimba starea cuiva în primul rând prin energia pe care tu o emani. În plus, pentru că în această săptămână conversăm efectiv cu interlocutorul, putem să-i schimbăm starea prin presupuneri și complimente.

Presupunerile le vom face sub formă de afirmații de genul: în timp ce îi zâmbești și te uiți lung la ea îi poți spune "hmm...observ ceva interesant la tine și îmi place ". Ea o să te întrebe ce anume însă tu îi poți răspunde: "nu știu exact ce anume, încerc să-mi dau seama... însă știu sigur că îmi place".

O altă presupunere ar putea fi "se întâmplă ceva extraordinar cu tine". Întotdeauna este o afirmație pozitivă și nu o întrebare.

Întrebarea o pune interlocutorul, tu mai puțin. Complimentele le vom folosi când observăm ceva concret la ea. Faptul că zâmbește astăzi, faptul că și-a schimbat coafura sau faptul că citeşte o carte. Provocarea este să mergi mai departe cu complimentul despre ceva ce observi şi să-l transformi într-o calitate de a ei.

Cu alte cuvinte, ce calitate a ei, vezi în faptul că citeşte. Poţi să-i spui că apreciezi persoanele care aleg să exploreze noi posibilităţi de dezvoltare personală (dacă e o carte de dezvoltare personală).

Dacă şi-a schimbat coafura şi a venit primăvara, poţi să-i spui că asta spune despre ea că este în contact cu natura. Şi că apreciezi asta la o femeie.

Asta e misiunea pentru săptămâna a doua.

Schimbarea stării celorlalţi prin energie, presupuneri şi complimente. Succes!

Pe pagina următoare ai fişa de jurnal pentru a doua săptămână.

	Ce am învăţat (cât mai concret)	Ce pot să fac diferit (cât mai concret)
Săptămâna 2 – INFLUENŢĂ: Cum să schimbi starea celuilalt		
Ziua 1		
Ziua 2		
Ziua 3		
Ziua 4		
Ziua 5		
Ziua 6		
Ziua 7	Mă sărbătoresc pe mine pentru ceea ce am făcut în această săptămână.	(cât mai concret ce fac pentru a mă sărbători)

Săptămâna 3 – CONEXIUNE EMOȚIONALĂ: Cum să vă cunoașteți cu adevărat

Bine ai venit în săptămâna a treia.

În această săptămână îți vei antrena calitatea de a o face pe cealaltă persoană să simtă că poate avea încredere în tine.

Vei face asta prin conversații care trec dincolo de suprafață și vei trece de la o temă de conversație socială la o temă personală. Conversația respectivă să fie despre voi doi. Conexiunea emoțională se realizează foarte ușor când o persoană vorbește despre ea.

Dacă începe să vorbească despre o altă persoană sau despre un subiect extern, adu-o iar în lumina reflectoarelor întrebând-o "ok...înțeleg...ce înseamnă asta pentru tine, de fapt?".

Și această calitate poate fi antrenată atât cu femei cât și cu prietenii tăi bărbați. În această săptămână, în conversațiile pe care le ai cu femeile, nu încerca să demonstrezi ceva sau să le faci să te placă.

Dacă interlocutorul nu are dispoziția necesară sau momentul potrivit de a discuta, nu încerca să forțezi lucrurile, doar pentru a-ți îndeplini misiunea.

Tu inițiezi, însă dacă simți vreun semnal că celălalt nu e dispus să continue, simte-te liber să te oprești, oricând. Nu ai nimic de demonstrat, nimănui.

Scopul conversațiilor, este să ajungeți să vă cunoașteți. Să afli cine sunt, care le sunt cele mai îndrăznețe visuri, care sunt fricile cu care se confruntă, ce le place să facă și ce nu le place să facă. Subiecte precum hobby-uri, călătorii, copilărie, familie şi relaţii sunt extraordinare.

Un mic secret: Principiul conexiunii autentice este că dacă vrei ca o persoană să se deschidă, trebuie tu mai întâi să te deschizi. Asta înseamnă că NU vei pune întrebări, una după alta, pentru că în felul ăsta vei suge energie.

Cel mai simplu mod de a te conecta, este să spui **poveşti**, întâmplări din viaţa ta, care au legătură cu subiectul vostru de conversaţie.

Dacă vrei să o întrebi ceva de copilărie, spune-i cum era pentru tine când erai copil, ce îţi plăcea, lucrurile de care ţi-e dor şi pe care ţi-ar plăcea să le mai faci.

O să observi că pe măsură ce povesteşti (şi menţii contactul vizual cu celălalt şi nivelul de energie), persoana din faţa ta, va intra într-un fel de transă. Vei observa pe chipul ei, cum trăieşte aceeaşi emoţie pe care o trăieşti şi tu.

Pentru că în timp ce tu vorbeşti despre copilăria ta şi persoana cealaltă se va duce imediat în copilăria ei.

Aşadar îţi doresc succes în a antrena această calitate de a spune poveşti şi de a te conecta emoţional cu persoanele pe care le întâlneşti. Pe pagina următoare ai fişa de jurnal pentru a treia săptămână.

Săptămâna 3 – CONEXIUNE EMOŢIONALĂ: Cum să vă cunoaşteţi cu adevărat		
	Ce am învăţat (cât mai concret)	Ce pot să fac diferit (cât mai concret)
Ziua 1		
Ziua 2		
Ziua 3		
Ziua 4		
Ziua 5		
Ziua 6		
Ziua 7	Mă sărbătoresc pe mine pentru ceea ce am făcut în această săptămână.	(cât mai concret ce fac pentru a mă sărbători)

Săptămâna 4 – INDICATORI DE INTERES: Cum îți dai seama că îi place de tine

Bine ai venit în săptămâna a patra.

În această săptămână îți vei antrena calitatea de a asculta și a fi prezent. Vei folosi și celelalte calități pe care le-ai antrenat în săptămânile trecute (energie, influență, conexiune) însă atenția ta va fi către a asculta activ.

Scopul este de a observa și conștientiza acele semnale, nonverbale și verbale, pe care ți le transmite o femeie când este interesată să continue o interacțiune cu tine. Numim aceste semnale, indicatori de interes.

Acești indicatori de interes pot fi:

➤ Vrea să știe mai multe despre tine și îți pune mai multe întrebări personale

➤ Îți face complimente

➤ Râde cu tine

➤ Păstrează contactul vizual mai mult decât de obicei

➤ Etc

Cei mai mulți indicatori vor fi la nivel energetic. Scopul este de a observa cum i se schimbă ei starea în prezența ta și dacă nonverbal sau verbal îți transmite că îi place și că dorește mai mult din ceea ce primește.

Așadar spor la ascultat vizual, auditiv, tactil și energetic. Pe pagina următoare ai fișa de jurnal pentru a patra săptămână.

Săptămâna 4 – INDICATORI DE INTERES: Cum îţi dai seama că îi place de tine		
	Ce am învăţat (cât mai concret)	Ce pot să fac diferit (cât mai concret)
Ziua 1		
Ziua 2		
Ziua 3		
Ziua 4		
Ziua 5		
Ziua 6		
Ziua 7	Mă sărbătoresc pe mine pentru ceea ce am făcut în această săptămână.	(cât mai concret ce fac pentru a mă sărbători)

Săptămâna 5 – ATRACŢIE IREZISTIBILĂ: Cum să o faci să te dorească

Felicitări pentru că ai ajuns în săptămâna cu numărul cinci.

Sunt sigur că ţi-a plăcut ce ai experimentat până acum şi te asigur că această călătorie va continua să fie la fel de antrenantă ca şi până acum. Poate că ai observat, cum pas cu pas, începi să îţi formezi un al şaselea simţ când vine vorba de relaţiile interumane.

În această săptămână o să antrenezi calitatea de atracţie.

Scopul este de a adăuga energie sexuală, în conversaţiile tale cu femeile pe care le întâlneşti. Această calitate reprezintă sarea şi piperul dintre un bărbat şi o femeie. Prin această calitate te asiguri că nu vei mai fi niciodată "doar un simplu prieten sau doar un băiat bun" decât atunci când tu îţi doreşti asta.

Cu această calitate, femeile care până acum te vedeau ca pe un simplu prieten, vor începe să te vadă ca pe un bărbat cu care vor să aibă parte de momente intime.

Practic, în această săptămână, în interacţiunile pe care le ai cu femeile care te atrag, este să le inciţi. Să le faci să fiarbă. Să le faci să se gândească la scenarii fierbinţi. Să aprinzi dorinţa în ele.

Un mic indiciu: În timp ce vorbeşti cu ea, poţi să zâmbeşti şi să o priveşti într-un mod obraznic (prin care îi transmiţi că te gândeşti la ceva anume, că eşti în alt film cu ea).

Mai poţi de asemeni, ca în timp ce ea vorbeşte să te apleci la urechea ei stângă şi să îi şopteşti ceva obraznic, de genul " ştii că tu vorbeşti frumos şi eu par să te ascult, însă în realitate, când te privesc, nu mă pot gândi decât la un singur lucru". Şi la această misiune adu-ţi aminte că tu nu ai nimic de demonstrat. Pur şi simplu îţi manifeşti atracţia şi energia masculină, într-un mod relaxat, nonintruziv. Eşti doar tu şi ea în The Bubble of Love.

Aşteaptă-te la multe refuzuri şi primeşte-le cu deschidere. Reţine că nu e vorba despre tine, este vorba despre ea şi despre nivelul ei de confort. Chiar dacă te refuză acum, asta nu înseamnă că nu se va gândi la tine şi la scenariul tău mai târziu, când e singură cu gândurile ei.

Vreau să mai punctez faptul că şi în această săptămână, nu trebuie să-ţi impui alte obiective decât cel stabilit prin această misiune.

Scopul tău este să te joci cu emoţiile ei. Atât. Într-un mod ecologic bineînţeles. Incit-o apoi reîntoarce-te la discuţiile raţionale (în care ea se simte confortabilă). După câteva momente, incit-o din nou. Apoi reîntoarce-te la discuţiile raţionale...şi tot aşa. Practic tu controlezi interacţiunea şi conversaţia, tu schimbi şi întrerupi subiectele. Enjoy !

Pe pagina următoare ai fişa de jurnal pentru a cincea săptămână.

	Ce am învățat (cât mai concret)	Ce pot să fac diferit (cât mai concret)
Săptămâna 5 – ATRACȚIE IREZISTIBILĂ: Cum să o faci să te dorească		
Ziua 1		
Ziua 2		
Ziua 3		
Ziua 4		
Ziua 5		
Ziua 6		
Ziua 7	Mă sărbătoresc pe mine pentru ceea ce am făcut în această săptămână.	(cât mai concret ce fac pentru a mă sărbători)

Săptămâna 6 – SĂRUTĂRI ȘI ÎMBRĂȚIȘĂRI: Cum să o atingi astfel încât să îi placă

În săptămâna a șasea vei antrena calitatea de a îmbrățișa și a săruta femeile. Cu alte cuvinte vei exersa, atingerile.

Așa cum am spus și în această carte, recomandarea mea este să le atingi pe femei cât mai des și cât mai devreme. Comunicarea tinde să devină mult mai intimă când atingi o femeie.

Primul lucru pe care poți să-l faci cu cât mai multe femei este să le oferi o îmbrățișare. Un cadru foarte bun este la sfârșitul fiecărei interacțiuni sau atunci când fac ceva extraordinar pentru ele sau pentru tine. Atunci tu le recompensezi printr-o îmbrățișare. Cele mai multe femei vor primi îmbrățișarea ta, mai ales că este vorba de o recompensă/felicitare sau de un gest de "la revedere".

Un al doilea lucru pe care poți să îl faci este să le săruți pe obraz, când vă luați la revedere. Acest gest merge foarte bine după cel de îmbrățișare. Îi spui pur și simplu "mi-a făcut plăcere. Hai să-mi iau la revedere... te îmbrățișez...." în timp ce o îmbrățișezi îi oferi și o sărutare pe obraz.

Acum, dacă de-a lungul celor cinci săptămâni care au trecut, tu ai ajuns la o întâlnire cu o femeie, scopul tău este să o săruți pe gură. Setează-ți o limită de timp în care să o săruți. Mintea ta va găsi întotdeauna o cale să facă asta. Ai încredere.

Eu spre exemplu, îmi stabileam ca în 30 de minute de când eram la o întâlnire cu o tipă de care îmi plăcea, să o sărut. Practic o opream în mijlocul conversaţiei şi o sărutam. Bineînţeles că o priveam şi îi zâmbeam în timp ce mă apropiam de buzele ei....o şi aprobam şi o încurajam să îmi spună mai multe, "îhâm...foarte mişto.... spune-mi mai multe...", apoi o sărutam.

Dacă eşti la o întâlnire nu aştepta sfârşitul ei, pentru a o săruta. Stabileşte-ţi singur în cât timp de la începerea întâlnirii, o vei săruta. Când mintea ta e focusată pe un obiectiv, o să recunoască imediat scenariile în care acel sărut să se întâmple uşor (şi crede-mă că îi va plăcea la nebunie).

Aşadar, în cea de-a şasea săptămână, fă cât mai multe femei fericite, oferind îmbrăţişări şi sărutări. Enjoy !

Pe pagina următoare ai fişa de jurnal pentru cea de-a şasea săptămână.

	Ce am învățat (cât mai concret)	Ce pot să fac diferit (cât mai concret)
	Săptămâna 6 – SĂRUTĂRI ȘI ÎMBRĂȚIȘĂRI: Cum să o atingi astfel încât să îi placă	
Ziua 1		
Ziua 2		
Ziua 3		
Ziua 4		
Ziua 5		
Ziua 6		
Ziua 7	Mă sărbătoresc pe mine pentru ceea ce am făcut în această săptămână.	(cât mai concret ce fac pentru a mă sărbători)

Săptămâna 7 – LEADERSHIP: Cum să îi faci propuneri pentru ca ea să te urmeze în fanteziile tale

Ai ajuns în ultima săptămână din cadrul programului. Eşti un bărbat cu o voinţă de fier şi pentru asta vei ajunge departe în tot ceea ce îţi propui. Îţi spun asta pentru că aproximativ 70% dintre bărbaţi, nu trec de primele trei săptămâni.

În această săptămână, îţi vei da practic licenţa şi vei absolvi cu brio această mică parte din călătoria ta spre a deveni un bărbat adevărat. În această ultimă săptămână îţi vei antrena calitatea de lider.

Scopul tău este să faci propuneri şi să conduci interacţiuni. Simplu, nu? Sunt propuneri care implică un angajament mai mic şi sunt propuneri care implică un angajament mai mare. Experimentează cu amândouă.

Propuneri cu angajament mai mic:
➢ Ascultă-mă!
➢ Scarpină-mă pe spate!
➢ Vino să te îmbrăţişez!
➢ Hai să bem ceva!
➢ Hai să ne aşezăm!
➢ Vino să-ţi spun ceva!
➢ Apleacă-te să-ţi spun ceva la ureche!
➢ Fii atentă!
➢ Spune-mi la ce te gândeşti!
➢ Etc

Aşa cum observi acestea sunt practic nişte comenzi. Dacă eşti în conexiune cu femeia de lângă tine, atunci ea le va executa cu uşurinţă.

Propuneri cu angajament mai mare:

➢ Hai să facem câţiva paşi!

➢ Hai să dansăm!

➢ Vreau să te scot la o întâlnire. Îţi propun varianta X şi Y. Spune-mi care îţi place mai mult!

➢ Gândeşte-te la asta şi dă-mi un telefon!

➢ Hai să facem chestia asta împreună!

Un alt lucru pe care poţi să-l antrenezi este ca într-o anumită situaţie, după ce vorbeşti câteva minute cu o femeie, să întrerupi firul poveştii (să nu stai prea mult în acelaşi loc) şi să-i propui o **acţiune.**

Mişcă-le dintr-un loc în altul.

Spre exemplu, când staţi de vorbă in picioare, opreşte-o şi spune-i să vă aşezaţi. Când stai jos, propune-i să beţi ceva sau să vă ridicaţi şi să mergeţi la cofetăria de peste drum, pentru a continua conversaţia acolo.

Ideea e să faci propuneri prin care să le mişti. Cu cât "le mişti" tot mai mult pe femei, cu atât sunt mai dispuse să accepte propunerile tale ce implică un angajament mai mare (să ieşiţi împreună, să petreceţi o noapte împreună, etc). Spor la treabă!

Săptămâna 7 – LEADERSHIP: Cum să îi faci propuneri pentru ca ea să te urmeze în fanteziile tale		
	Ce am învăţat (cât mai concret)	Ce pot să fac diferit (cât mai concret)
Ziua 1		
Ziua 2		
Ziua 3		
Ziua 4		
Ziua 5		
Ziua 6		
Ziua 7	Mă sărbătoresc pe mine pentru că am finalizat acest program.	(cât mai concret ce fac pentru a mă sărbători)

.

Încheiere

Ai ajuns la sfârşitul acestei cărţi.

Te felicit şi sunt mândru de tine că ai ajuns să o parcurgi până aici. Aşa cum ai observat, în această călătorie de dezvoltare personală nu eşti singur. Ai alături de tine şi alţi bărbaţi care au început această călătorie. Pe aceşti bărbaţi îi vei întâlni în comunitatea TheRealMan.

Şi te invit şi pe tine să ni te alături. Accesează site-ul www.TheRealMan.ro şi înscrie-te cu adresa ta de email pentru a putea ţine legătura cu noi. Înscriindu-te, vei primi informaţii şi materiale suplimentare despre cum să interacţionezi autentic cu femeile pe care le întâlneşti şi cum să te bucuri de relaţii extraordinare cu acestea.

Totodată făcând parte din această extraordinară comunitate, vei fi printre primii care află de evenimentele noastre.

Pentru informaţii punctuale despre Seminariile, Workshopurile şi Taberele pe care le organizăm, accesează site-ul sau trimite-mi un mail pe adresa silviu@therealman.ro. Poţi folosi această adresă şi pentru a-mi trimite întrebările tale referitoare la provocările cu care te confrunţi. **Totodată aştept cu nerăbdare poveştile tale de succes.**

Până ne vom întâlni faţă în faţă te salut, te respect şi te apreciez pentru că ţi-ai acordat timp să investeşti în dezvoltarea ta personală, citind această carte.

Sper că şi ţie ţi-a făcut la fel de multă plăcere să o citeşti, pe cât mi-a făcut mie să o scriu.

Până data viitoare, ține minte:

Dă-ți voie să cunoști femeile pe care le dorești. Tu meriți!
Tu poți!
Eu cred în tine!
Ai o putere extraordinară. Fii mândru că ești bărbat!
Sărbătorește-te zilnic și oferă darul tău de masculinitate, femeilor care abia așteaptă să-l primească.

- Silviu-Iulian

Despre autor

Silviu-Iulian Huideş este love coach şi trainer pentru bărbaţi, în cadrul comunităţii de dezvoltare personală, TheRealMan.ro.

Visul lui, prin această comunitate, este să inspire peste 10 milioane de bărbaţi să-şi asume puterea masculină şi să-şi transforme relaţiile cu femeile.

Este certificat Trainers of Trainers, NLP Practitioner şi Coach al Academiei Române de Coaching, căutând în permanenţă noi modalităţi de a activa şi antrena energia masculină a bărbaţilor care participă la programele sale.

Prin Seminariile, Workshopurile şi Taberele pe care le organizează asistă bărbaţi de toate vârstele să-şi recapete încrederea personală, să comunice autentic cu sexul frumos şi să obţină relaţiile extraordinare pe care şi le doresc.

În relaţiile cu femeile acesta promovează un stil bazat pe sinceritate şi îi îndeamnă atât pe bărbaţi cât şi pe femei să înceapă să spună direct, fără perdea, ceea ce observă, simt şi gândesc unul despre celălalt.

Când nu participă la evenimente de dezvoltare personală, îi place să exploreze bucuriile vieţii alături de femeia pe care o iubeşte.

Poţi   ţine   legătura   cu   el,   accesând   site-ul
www.TheRealMan.ro

Resurse recomandate:

Autori

- ➢ Laszlo Nagy, www.stilmasculin.ro
- ➢ David X, www.davidxdating.com
- ➢ Dr. Brad Blanton, cu cartea Radical Honesty, www.radicalhonesty.com

Cărți

- ➢ Calea bărbatului superior, David Deida
- ➢ Cartea despre bărbați, Osho
- ➢ Cartea despre femei, Osho
- ➢ Putere nemărginită, Anthony Robbins
- ➢ Poți să-ți vindeci viața, Louise L. Hay

Evenimente de dezvoltare personală pentru bărbați, organizate de TheRealMan.ro

- ➢ Seminarul de Atracție Autentică
- ➢ Tabăra Attraction Mastery

ᴛʜᴇREAL MAN

www.ingramcontent.com/pod-product-compliance
Lightning Source LLC
Chambersburg PA
CBHW070026100426
42740CB00013B/2609